민주주의와 시장주의

조 홍 식

博 英 社

삼가 존경하는 부모님,

趙源夏 님과 金順愛 님께

드립니다.

머 리 말

이 글은 2004년 6월 21일 서울대학교 법과대학 백주년기념관 소강당에서 공정거래법 연구과정(전문분야 법학연구과정 제17기)을 위한 강연에서 저자가 발표한 "민주주의 원리와 시장의 원리"를 수정 · 가필한 것이다. 지난 3년여 동안 주위 분들의 권유에도 불구하고 이 책의 출판을 유보한 것은, 나의 생각을 반성해보기 위해서였다. 이제 이 책을 출판하게 된 것은, 이 책에 표현된 나의 생각에 자신감이 생겨서가 아니다. 이 책에 소개한 나의 이론은 모든 학자의 꿈인 어떤 주제에 관한 '일반이론'이라 불릴 수 있을 정도로 정치하거나 성숙하지 못하다. 하지만 이제는 부족하나마 나의 생각을 강호제현 앞에 내놓고 그 비판을 귀담아 들어야 한다는 학자로서의 최소한의 용기가 생겼기 때문이다.

이 책은 그동안 발전시켜 온 연구의 양만큼 큰 수정을 가하지는 않았다. 이 주제의 크기와 무게는 비할 데 없이 크고 중하고, 그런 만큼 수많은 학자들이 이 주제를 다루었다. 따라서 내 주장을 뒷받침하는 논거 제시에 있어 일정한 한계를 두지 않으면 읽기에 부담되는 분량의 책이 될 것이기 때문이다. 나는 이 책이 전문가뿐만 아니라 일반 국민들이 가볍게 읽을 수 있는, 친근한 이미지의 책이길 바랐고, 이 목적을 위해 필요한 한도에서 주석을 덧붙이고 문장을 다듬고 설명을 추가하였다.

민주주의와 시장주의는, 교양 있는 민주시민으로서 반드시 알아야 하는 주제이다. 그런 필요성은 내게 있어서도 예외가 아니다. 하지만 민주주의와 시장주의가 내게 단지 교양적 지식으로서가 아니라 무게 있는 연구주제가 된 것은 다른 계기에서였다. 나는 평소 公과 私의 區分에 관해 관심을 가져왔는데, 이러한 관심은 내 전공 영역이라고 할 수 있는 법의 분야에 연장되어, 公法과 私法의 올바른 關係 設定이란 주제로 결과하였다. 내가 처음 민주주의와 시장주의를 연구 주제로 포착하게 된 것은, 공법과 사법의 관계를 올바로 파악하고 또 정립하기 위해서는 양 법 영역을 지도하는 이념에 대하여 연구하여야 한다는 당위를 깨달았기 때문이다.

이제까지의 연구 끝에 내린 결론은 이러하다. 정부가 담당하여야 할 적절한 역할에 관해 시대를 초월한 정답은 없다. 민주주의와 시장주의에 대한 평가는 시대적 여건이 변함에 따라 바뀔 뿐만 아니라 이론적으로만 따져보아도 시장이 우월하다고 단정할 근거는 찾아볼 수 없다. 따라서 현실세계에서는 주어진 조건을 고려해 구체적인 의제마다 실패할 확률과 비용이 적은 방식을 선택하여야 한다. 이러한 결론은 공법과 사법의 관계에 그대로 반영되어야 할 것이다.

이러한 결론은, 우연히도, 연구를 시작하기 전에 직관에 기해 내린 예측과 같은 것이다. 예측이 적중할 수 있었던 것은 그것이 상식에 기초하고 있었기 때문이리라. 민주주의와 시장주의 모두가 개인의 자유를 보호하고 실현하기 위해 없어서는 안 되는 사회구성 원리인데, 두 이념이 각각 보호하는 자유의 측면이 다르다면 이 모두가 필요한 것은 당연한 것이다. 또한 구체적 사정에 따라 보호가 필요한 자유의 내용이 다르다면 그에 따라 필요한 사회구성 원리도 다르게 될 것이다.

본문에서는 가급적 한자의 사용을 자제하였다. 한자를 사용한 경우는, 논점을 분명히 하거나 주장을 강조하기 위해서, 또는 논의의 흐름을 따라가는 데 도움을 주기 위해 사용하였다. “ ”는 인용한 저자의 말을 그대로 인용할 때, 「 」는 단어나 어구를 강조할 때 사용하였다.

이 글을 완성하는 데 있어 많은 분들이 도움을 주셨다. 권오승 교수님은 저자를 위 과정의 강사로 초빙해 주셔서 이 글을 집필하는 계기를 마련해 주셨고, 이창희 교수님, 김도균 교수님과 이인호 교수님은 이 글을 빠짐없이 읽고 귀중한 조언을 주셨다. 허성욱 교수님은 특히 경제학적 논증에 필요한 자료를 정리해 주고 유익한 조언을 주었다. 최병조 교수님은 이 책의 출간을 적극적으로 권유해 주셨다. 김우영 교수님은 멋진 표지디자인으로 축하해 주셨다. 이 모든 분들께 깊이 감사드린다. 하지만 무엇보다 감사하여야 할 분은 나를 학문의 세계로 이끌어 주신 송상현 국제형사재판소 재판관이다. 송상현 선생님께서는 내게 학자로 필요한 모든 것을 솔선수범으로 가르쳐 주셨다. 또한 이 책을 출간하기로 결정해 준 박영사의 안종만 회장님과 조성호 차장님께도 감사하여야겠다. 그리고 이 책을 완성하는 데 필요한 경제적 도움을 아끼지 않은 서울대학교 법학발전재단에 대해서도 감사의 뜻을 전한다.

2007. 10. 30. 새벽
盆唐 三斯齋에서

趙弘植

차　　례

序　　論

Published in *The New Yorker* June 8, 1992

인간 사회에는 洋의 東西와 時의 古今을 막론하고 일종의 固定觀念이 있다. 이러한 고정관념은 사회 구성원의 뇌리 속에 깊이 뿌리를 내려 그에 대한 반론이나 논쟁을 허용하지 않고, 대개는 상투적 표현(cliché)으로 化石化되게 마련이다. 나는 이 글의 주제인 민주주의와 시장주의에 관해서도 이와 비슷한 관념이 형성되어 있다고 보는데, 그것은 바로 "시장은 정치논리로는 안돼"라는 것이다.[1)]

시장과 정치에 관한 이러한 관념은 특히 우리 사회에 광범위하게 퍼져 있는데, 이러한 관념의 예는 이를 일일이 거론할 필요도 없을 정도이다. 경제정책에 관한 저널리즘을 보면, 특히 신문기사를 찾아보면 그 정도를 어렵지 않게 알 수 있다. 이러한 관념이 이처럼 광범위하게 퍼지게 된 까닭은 여러 관점에서 살펴볼 수 있지만, 가장 큰 요인은 1960년대 이래 계속되어 왔던 「官主導 經濟政策」이 그 한계에 이르자 그 長短功過에 대한 정확한 평가 없이 이를 통째 폐기하여야 할 舊殼의 하나로 치부하는 태도라고 본다. 이러한 태도는 특히 1997년 외환위기에 의해 공고화되는데, 외환위기 이후 구조조정 과정에 우리 정부가 적극 개입하는 것과 관련, 많은 사람들

---

1) 예컨대 조선일보 2001.5.1. 사설, "추경, 정치논리로는 안돼."

— 특히 외국 투자가와 외국 언론기관 — 이 우리나라의 경제 정책 수립과 집행에 있어 정치논리가 시장논리를 앞서는 것은 문제라고 주장한 것이, 관주도의 경제발전 전략의 부작용을 뒷배경으로 해, 강력한 힘을 얻게 된 것이다.

이러한 관념은, 경제 운용과정에서 정치논리는 철저히 배제되어야 하고, 이를 위해서는 규제완화와 사유화를 통해 市場領域을 擴大함으로써 政治人과 官僚들이 개입할 수 있는 영역을 最小化해야 한다는 주장에 기반하고 있으며, 기실, 종래의 經濟史는 국가에 의하여 주도된 경제가 시장경제에 비하여 열등하였고 현저할 정도로 자원분배상의 오류를 초래하였다는 점을 보여주고 있다.[2) 그리고 이러한 史實이 원칙적으로 "국가로부터 자유로운 경제!"[3)를 지지하는 것은 부정할 수 없는 것이기도 하다.

하지만 이러한 「市場 優位의 市場 · 政治 二分法(pro-market market-politics dichotomy)」이 고정관념으로 변할 때, 이것은 문제가 아닐 수 없다. 왜냐하면 고정관념은 문제상황을 分析하기보다는 지나치게 單純化하고 一般化하는 까닭에,

---

2) Uwe Blaurock(홍명수 역), "경쟁에 있어서 국가의 역할", 서울대학교 법학 제45권 제1호, 143면(2004).

3) 이 표현은, 1960년대 유럽에서 불길처럼 일어난 반체제 학생운동과 그 이후의 시민운동에 영원히 지울 수 없는 흔적을 남긴, 저 유명한 "支配로부터 自由로운 區域!"이라는 정치적 구호를 변형한 것이다.

잘 변하지 않고, 나아가 사람들의 의사와 행동을 결정하는 확고한 의식으로 작용할 가능성이 크기 때문이다. 더욱이 이러한 시장 우위의 이분법은 쉽게 반박할 수 없는 튼실한 근거와 역사를 가지고 있어 教條化될 위험성마저도 부정할 수 없다.

이 글은 이러한 나의 주장을 뒷받침할 수 있는 근거를 제시하기 위해 기획되었다. 이 글의 글감이 된 관념 즉, "시장은 정치논리로는 안돼"라는 명제(이하, "對象命題")를 "시장의 영역은 민주주의에 의해 규율되어서는 안된다"는 것으로 이해할 수 있다면, 이 대상명제는 논리적으로 다음과 같은 두 가지 下位命題로 구성되어 있다고 볼 수 있다. 그 하나("하위명제 ①")는, 시장주의는 민주주의와 구별되는 별개의 원리이고, 그 둘("하위명제 ②")은, 시장주의가 적용될 시장영역과 민주주의가 적용될 정부영역은 이를 구분하여야 한다는 것이다.[4] 그런데 실제로 대상명제는 이상의 두 가지 하위명제가 표면상 의미하는 이상의 것을 含蓄하고 있다. 대상명제는 하위명제 ①이 표면상 의미하는 바, 즉 시장주의와 민주주의는 別個의 것이라는 것에 그치지 않고, 이에 더하여 시장주의는

4) 하위명제 ②는 다시 두 가지 하위명제로 구분하여 볼 수 있다. 즉, 하위명제 ②-1은, 시장주의가 적용될 시장영역과 민주주의가 적용될 정부영역은 이를 구분할 수 있으며, 하위명제 ②-2는, 시장영역은 시장의 원리에 의하여, 정부영역은 민주주의의 원리에 의하여 규율되어야 한다는 것이다.

민주주의보다 優越하다는 것(“하위명제 ①*”)을 함축하고 있다. 또한 대상명제는, 하위명제 ②가 표면상 의미하는 바, 즉 시장주의가 적용될 시장영역과 민주주의가 적용될 정부영역은 이를 區分하여야 한다는 것에 그치지 않고, 이에 더하여 시장주의가 적용될 영역이 擴大되어야 한다는 것(“하위명제 ②*”)을 함축하고 있다.

나는 대상명제의 문제점을 논박하기 위해서, 먼저 하위명제 ①의 含意(①*)를 분석 · 비판함으로써 민주주의가 시장주의에 못지않게 고유의 가치가 있음을 밝히고, 이어서 하위명제 ②의 表面上 意味(②) 및 含意(②*)를 분석 · 비판함으로써 시장주의가 적용될 시장영역과 민주주의가 적용될 정부영역은 항상 명확히 구분될 수 없는 歷史的 · 制度的 産物에 지나지 않음을 지적하고자 한다. 환언하면, 시장영역과 정치영역은 항상 명확히 구분될 수 없으며, 또한 경제 운용에 있어 정치논리를 완전히 배제하는 것이 항상 옳은 것도 아니라는 것을 주장하고자 하는 것이다.

이 글은 다음과 같은 순서로 진행한다. 나는 먼저 민주주의와 시장주의의 유사점과 차이점을 분명히 하여 양 원리를 특징짓는 本質的 要素를 밝혀내고(제 I 장), 이어서 시장주의가 지지되고 있는 오늘날의 時代的 傾向(新自由主義)을 살펴본 후, 민주주의의 한계를 증명한 Kenneth Arrow의 불가능성 정리를 중심으로 시장의 우월성을 주장하는 理論的 努力의 일단을 살펴, 앞으로의 분석 · 비판의 대상을 확정한다(제Ⅱ장). 다음으로 美國史의 발전을 토대로, 制度的 틀이 時代思潮를 반영하고 있고, 시대사조는 歷史의 큰 흐름을 따라 변해왔음을 보여줌으로써 신자유주의 및 그에 기초한 제도개혁이 역사의 終焉이 될 수 없음을 밝힌다(제Ⅲ장). 제Ⅳ장에서는 가위·바위 · 보 理論, 審議民主主義論 · 談論理論, 定性的 · 主觀的 計量理論 등을 동원하여 이론적 측면에서 민주주의를 옹호한다. 마지막으로 제Ⅴ장에서는 Anthony Atkinson과 Joseph Stiglitz의 機能主義的 規範理論 및 Robert P. Inman의 新政治經濟學을 원용하여 政府와 市場의 區分이 歷史的 · 制度的 産物일 뿐만 아니라 政府의 制度的 構造가 設計의 對象임을 밝혀, 시장(사회) 영역, 특히 경제 운용에 있어 정치논리를 완전히 배제하는 것이 항상 옳은 것은 아니라는 점을 밝히기로 한다.

I

民主主義와 市場主義의 意義

"We can't come to an agreement about how to fix your car, Mr. Simons. Sometimes that's the way things happen in a democracy."

Published in *The New Yorker* April 6, 1987

1. 槪念 規定의 意味

민주주의를 어떻게 이해하는가는 각인의 이념과 가치관에 달려 있다. 따라서 민주주의를 개념 규정하는 것 자체가 실로 감당하기 어려운 면이 있음을 부정할 수 없을 것이다. 실제, 우리 憲法은 민주주의에 관한 규정을 적지 않게 가지고 있다. 전문의 "4·19 민주이념"과 "자유민주적 기본질서"를 비롯하여, 제4조의 "자유민주적 기본질서", 제8조의 "민주적 기본질서", 제119조의 "경제의 민주화" 등 다양한 표현을 제시한다. 하지만, 이러한 민주주의 관련 규정의 해석에 있어 헌법학계는 그것을 自由主義와 民主主義의 結合으로 이해하면서, "민주주의라 함은 國民에 의한 支配 또는 국가권력이 국민에게 歸屬되는 것을 특징으로 하는 정치원리"[5] 정도로 해석하고 있을 뿐, 민주주의가 우리 공동체에 있어 가지는 實踐的 意味에 관해서는 무관심으로 일관하고 있다.[6]

시장주의에 관해서도 논의의 결핍이 있기는 마찬가지이

5) 권영성, 헌법학원론 132(법문사, 1998).

6) 한상희, "「민주공화국」의 의미: 그 공화주의적 실천규범의 형성을 위하여", 국가권력의 존재와 한계(한국헌법학회가 2003년 5월 23일 개최한 제26회 학술대회의 자료집; ISBN 1229-3784), 11 이하.

다. 경제학계에서는 대개 市場經濟(market economy)를 "국민경제의 여러 문제들을 기본적으로 시장의 힘에 의해서 해결하려고 노력하는 체제"로 정의하고, 나아가 統制經濟(command economy)에서 가격이 계획당국에 의해서 인위적으로 결정되는 것과 대조적으로, 시장경제는 모든 상품들의 가격이 시장에서 자유로이 결정된다는 것을 가장 중요한 특징으로 하고 있다고 설명한다.[7] 그런데 법학계(그 중, 특히 헌법학계)에서는 우리 헌법이 사회적 시장경제질서를 채택하고 있다는 단정적 개념화가 있을 뿐이고,[8] 경제법학계에서는 시장경제를 다룸에 있어 그것이 작동하기 위한 전제조건에 논의의 중심을 모으고 있을 뿐이어서, 정작 원리에 관한 문제, 즉 市場經濟가 여타의 國家共同體의 構成原理와 어떠한 關聯이 있는지, 市場主義를 民主主義와 관련하여 어디까지 受容하여야 하는지 등에 관해서는 미흡한 논의가 있을 뿐이다.

---

7) 이준구 · 이창용, 경제학원론 Ⅰ 21(법문사, 1999).

8) 권영성(註 5), 135, 155, 157; 허영, 헌법이론과 헌법(신정 6판) 585, 582, 599(박영사, 2001). 하지만, 사회적 시장경제가 무엇을 이야기하는지 이해할 만한 구체적 내용은 없어 보인다. 오히려 사회적 시장경제와 상충하는 듯한 내용이 눈에 뜨인다. 예컨대, 허영은 사회적 시장경제질서를 우리 헌법이 채택하고 있다고 단언하고 있지만, 다른 한편, 민주주의의 적용범위에 관해서 논하면서, 민주주의가 경제 영역에 함부로 적용되어서는 곤란하다는 논지를 펼치고 있다. 이런 점이 현재 우리나라의 헌법해석학을 주로 하는 분들에 대해 아쉬움을 느끼지 않을 수 없게 하는 대목이다.

민주주의와 시장주의를 어떻게 바라보는가는 양자의 관계를 논하는 이 글의 테제와 중요한 관련을 가지고 있다. 하지만, 나는 이에 관한 논의를 후일의 과제로 유보하고, 마치 실증자연과학에서 假說을 검증하는 데 필요한 假定(assumption)을 설정 · 제시하듯이, 민주주의의 원리와 시장주의의 원리를 정의하고 제시하는 것으로 그치려고 한다. 따라서 실증자연과학에서 가설의 검증자들이 가정에 대해 그러하듯이, 독자는 민주주의의 원리와 시장주의의 원리에 대한 나의 개념 정의를 (논의의 전개를 위한 것으로) 수용할 수 있다면, 그 善惡正誤에 대한 논의를 접어둔 채 내가 논증하려는 테제만을 검토할 수 있으리라 생각된다.

2. 民主主義와 市場主義의 意義

(1) 여기서 개념을 정의하려는 시장과 민주주의는 논의의 전개를 위한 理念型(ideal type)이다. 시장과 민주주의를, 그 구체적 실례에 대한 탐색을 접어둔 채, 추상적 차원에서 논의 전개를 위해 필요한 범위, 요컨대 원리로서의 시장주의와 민주주의를 정의하려는 것이다. 양 원리를 구체적 문제에 적용하는 것은 아래에서 가볍게 다루기로 한다.[9)]

민주주의와 시장주의는 (자유, 평등, 기타 재화와 용역을 포함한 넓은 의미의) **價値의 生産과 分配를** 어떻게 할 것인가의 문제를 다룬다. 가치의 생산과 분배는 사람이 모여 사는 社會를 전제로 하고, 社會 構成員 間의 相互關係와 불가분의 관계가 있다.[10] 무인도에 남겨진 Robinson Crusoe 옆에 그의 종복 Friday가 없는 상태를 상기해보라. 이 사람에게 있어 자유는 아무런 의미가 없다. Crusoe는 무인도에서 여러 가지로 제약되어 있고, 제한된 능력 · 힘을 가지고 있으며, 몇 개 안되는 대안을 가지고 있다. 하지만 우리가 다루고자 하는 자유의 문제는 전혀 생기지 않는다. 왜냐하면 사회에서는 구성원 일방의 자유는 타방의 부자유를 불러오는데, Crusoe에게는 자신의 자유를 논하고 주장할 相對方이 없기 때문이다. 요컨대 인간이 아끼고 그 처리를 고심하는 가치는 인간이 모여 부대끼며 사는 사회를 전제로 하는 것이다.

현대의 사회는 문자 그대로 무수한 구성원으로 구성되어 있다. 이들의 활동, 가치를 향한 치열한 활동(대개는 경제적 활동)은, 인간이 모여 사는 까닭에, 어떤 방식으로든 調整되지

---

9) 양자의 원리를 리스크 규제에 적용해보고 그 실제적 의미를 살펴보려고 한, 註 72-80 및 그 본문을 참조하라.

10) Milton Friedman, *Capitalsim and Freedom* 12 (1982). 이하의 설명은 많은 부분 *Capitalsim and Freedom*의 제2장 "Economic Freedom and Political Freedom"에 의지하였다. 특별히 강조할 필요가 없는 한, 일일이 주석을 달지 않기로 한다.

않으면 안 된다. 그렇지 않으면 구성원들 사이의 葛藤이 감내하기 힘든 지경에 이를 것이다. 이러한 무수한 사람들의 경제적 활동을 調整하는 방법은 근본적으로 오직 두 가지가 있을 뿐이다. 그 하나는, 군대와 같이 "일정한 組織"을 전제로 한 방식인, 강제력의 사용을 동반한 "中央의 指示"이고, 다른 하나는, 저잣거리의 방식인 개개인의 "自發的 協同"이다.[11)]

근대 이후 절대자를 인정하지 않는 사회에서의 중앙의 지시란, 민주주의의 원리에 의해 사회 구성원을 대표하게 된 政治人에 의해 내려진 결정, 그리고 정치인으로부터 위임받은 官僚의 지휘 · 통제를 말한다. 이런 의미에서 민주주의란 「다수의 지시 내지 그로부터 위임받은 대리인의 지시로 사회 구성원의 활동을 일정한 방향으로 조정하는 것」을 말하고, 시장주의란 이와 같은 「중앙의 지시가 없는 상태에서 구성원 각자가 각자의 판단에 의지한 채 상대방과 교환관계를 맺는 방식으로 사회 구성원의 활동이 조정되는 것」을 말한다. 그리하여 시장주의가 지배하는 사적 영역에서의 행위는 개인의 自發的 選擇(voluntary choice)에 기초하고, 민주주의가 지배하는 공적 영역에서의 행위는 多數決(majority rule)에 기초한다.[12)]

---

11) Id. 13.

12) James D. Gwartney & et al., *Economics: Private and Public Choice* 118 (9th ed., 2000).

(2) 시장주의를 조금 더 살펴보도록 한다. 경제학이나 사회학에서 市場이란 "수요와 공급이 합치하여 단일의 가격을 형성하는 장소" 또는 "상품을 파는 사람과 사는 사람이 자기가 가지고 있는 상품을 다른 사람의 그것과 교환함을 목적으로 상호 의사소통하는 관계에 들어가는 장소"로 정의하지만,[13] 이 글에서 시장은 「개개인의 經濟的 自由(economic freedom)가 구현되어 나름의 秩序가 형성되는 곳」을 의미한다. 시장은 무수히 많은 구성원이 서로에 대하여 맺는 個人 對 個人의 **交換關係**로 구성된다. 교환이 성립하면 노동의 **分業**과 기능의 **特化**가 일어나고, 여기에 **企業**과 **貨幣**가 가세해 시장경제체제가 완성되는 것이다. 교환관계를 相互協同關係로 볼 수 있는 것은, 거래 당사자 모두가 거래에 관한 정보를 지득하고 이에 기해 자발적으로 거래에 임하기 때문이다.[14] 따라서 교환은 강제력이 동원되지 않고도 양자의 조정을 가능하게 한다. 시장경제 내지 경쟁자본주의(competitive capitalism)는 이와 같이 자발적 교환을 통해 조직되는 사회의 운영 모델을 의미하는 것이다.

이와 같이 시장은 中央体의 企劃 · 調整 없이 수많은 독립된 개인(대개 독립적인 家計) 사이의 個別的 · 自發的 交換關係만으로 형성 · 유지된다.[15] 시장에서 움직이는 개인들은

13) 平井宜雄, **法政策學** 62(有斐閣, 1995).
14) Friedman(註 10), 13.

시장에서 全體 秩序가 어떻게 형성될 것인가에 관해 알 수도 없고, 관심도 없다. 시장에 있어서 개인은 타인의 효용을 고려하지 않고 자유롭게 自己 效用을 最大化하기 위해 행동하는 것이 보장되고 있다. 시장은, 교환의 자유, 즉 교환관계에 들어가거나 들어가지 아니할 자유가 보장되는 한, 어느 구성원이 다른 구성원의 활동에 干涉하는 것을 不許하는 것으로 볼 수 있는데, 이것이 바로 시장의 주된 특징이 된다.

따라서 시장에서 행동하는 개인은 상대방으로부터 자신이 원하는 것을 무엇이든지 취할 수 있는 것은 아니다. 교환 당사자 사이의 관계는, 당사자의 相對的 交涉力(bargaining power)에 의하여 형성되는 것이다. 교환관계는, 그 당사자가 제3자의 개입이나 명령에 따르지 않고 오직 자기의 효용만을 고려한 채 자유롭게 거래 · 교섭하여 결정할 수 있는 것이지만, 그렇다고 하여 상대방의 자유의사를 좌우할 수는 없기 때문에, 결국 교환관계는 양 당사자의 '상대적' 교섭력에 의하여 형성된다고 하겠다.

교섭력은 교환관계의 당사자가 상대방에 대해 자신의 의

15) Milton Friedman도 비슷한 관념을 갖고 있는 것으로 판단된다. 즉, ".... competitive capitalism - the organization of the bulk of economic activity through private enterprise operating in a free market - as a system of economic freedom and a necessary condition for political freedom." Friedman(註 10), 4.

사를 관철시킬 수 있는 意思推進力이라 할 수 있다. 이것은 교환관계의 상대방에 따라 바뀌는 상대적 개념인데, 본질적으로 경제력, 즉 購買力에 의하여 결정된다. 구매력은, 수요자의 입장에서는 자신이 사용할 수 있는 화폐의 量, 공급자의 입장에서는 자신이 제공할 수 있는 제품의 質을 말한다. 교환관계는, 이와 같이 구매력에 의해 좌우되기 때문에, 一錢一票의 原理에 의해 결정된다고 할 수 있다. 큰 구매력을 가진 당사자는 교환관계의 형성에 있어 그 만큼 큰 결정력을 행사할 수 있는 것이다.

하지만 交涉力은 이러한 구매력에 의해서만 결정되는 것이 아니다. 시장은 수많은 수요자와 공급자로 구성되어 있기 때문이다. 교환의 당사자가 비록 당해 교환에서는 구매력이 부족하지만, 그에게는 또 다른 代案이 있고, 그 대안이 되는 상대방에 대해서는 구매력의 우위에 설 수 있으며, 따라서 자신의 구미에 맞는 교환의 상대방을 선택할 수 있게 된다. 바로 이런 까닭에 시장에서는 경제적 자유를 누릴 수 있다고 하는 것이다.

한편 이러한 대안의 求得可能性(availability)은 구체적으로는 시장에서의 수많은 구성원들의 무수한 교환에 의해 형성된 價格情報의 형태로 주어진다.[16] 효율성의 측면에서만 본다

16) 가격 정보가 시장의 구성원 각자의 행위를 사회 전체의 관점에서

면 시장경제를 능가할 체제가 없다고 하는데, 시장경제가 갖는 효율성은 바로 價格機構(price mechanism)에서 나오는 것이다. 가격은 소비자가 그 상품을 얼마나 원하는지, 생산자가 그 상품을 생산하는 데 비용을 얼마나 부담했는지 등의 정보를 전달하여 경제주체의 合理的 選擇의 基礎가 되고, 사회적으로 유용한 경제활동을 촉진하는 誘引을 제공하며, 상품생산에 들어간 노동 및 자본의 공급자가 얻게 될 소득을 결정함으로써 所得의 分配에 기여하는 기능을 담당한다.[17] 그리하여 시장에서 수많은 사람들이 가진 「구매력」과 (구매력이 앞선 당사자가 교환에 있어 전횡을 휘두를 수 없도록 만드는) 「다양한 대안의 구득가능성」은 가격기구를 통해 시장에서 활동하는 개개인이 자신의 행동을 기획 · 조정함에 있어 의존할 수 있는 일정한 패턴을 만들어낸다.

볼 때 바람직한 방향으로 계도 · 조정하는 것은 주지하는 바와 같다. 이를 보통 가격기구(price system)의 조정기능이라고 한다. "예컨대 A 상품의 가격상승은 그 동안 A의 사용자들에게 사회 어디에선가 A를 생산적으로 사용한 기회가 보다 많이 발생하였으므로(혹은 A를 생산하는 데 과거보다 많은 사회적 비용이 들게 되었으므로), A의 사용을 보다 절약하고 경제화해야 한다는 정보를 전달하는 것이 된다. 그리하여 소비자들은 A의 소비를 줄이게 된다. 왜 A의 상대가격에 변화가 있었는가에 대해서 알지 못하고도 많은 사람들로 하여금 사회적으로 보아 바람직한 방향으로, 즉 A를 절약하는 방향으로 행동하게 한다." 박세일, **법경제학** 49(박영사, 2000).

17) 이준구 · 이창용(註 7), 24.

Friedrich A. Hayek는 질서를 "다양한 요소가 결합되어 있는 상황 속에서 그 전체의 일부를 인지하면 나머지 부분에 대한 정확한 예측을 할 수 있거나 적어도 나머지 부분에 대한 예측이 정확할 가능성이 극히 높은 경우"[18]라고 정의하면서, 시장에서 만들어지는 일정한 패턴을 「수많은 사람들의 행위의 결과이지만 인간이 설계한 결과가 아닌 질서」, 즉 "自生的秩序"("spontaneous order"; "grown order"; "cosmos")라고 불렀다.[19] Adam Smith가 사회 구성원 각자의 자유스런 개별적 행동이 "보이지 않는 손"("invisible hand")에 의해 유도되어, 자신이 의도하지 않았던 결과, 즉 공익의 증진을 결과할 수 있음[20]을 보였던 것도 바로 이러한 질서를 이야기한 것이다.

---

18) Friedrich A. Hayek, *Law, Legislation, and Liberty: Rules and Order* 36 (1982).

19) Id. 36-37. Hayek가 자생적 질서의 예로 제시하는 것은 말의 사용법, 즉 문법이다. 문법은 특정 개인에 의해, 그리고 그를 위해 계획된 것이 아니다. 문법은 오히려 수많은 세월을 거치면서 진화의 과정을 통하여 개별 구성원이 끊임없이 변하는 새로운 상화에 자신을 새롭게 적응하는 과정 속에서 형성 · 발전되어 온 것이다. 한편, Hayek는 자생적 질서의 경제적 측면, 시장을 통해 형성되는 자생적 질서, 즉 시장질서를 특히 「카탈랙스」(catallaxy)라고 명명한 바 있다. 그는 카탈랙스를 "각 사람들이 재산권법 · 불법행위법 · 계약법을 지키며 행동할 때 시장을 통해 형성되는 자생적 질서의 한 종류"라고 표현하고 있다. Friedrich A. Hayek, *Law, Legislation, and Liberty: Mirage of Social Justice* 109 (1982).

20) Adam Smith, *The Wealth of Nations* 423 (Modern Library, New

이러한 자생적 질서의 형성에 그 구성원인 개개인들은 자신의 選好(preference)를 오로지 一錢一票의 원리에 의해 比例的으로만[21) 행사할 수 있다.

이상을 요약하면 ① 시장은 個別的 · 自發的 交換關係에 의하여 형성되고, ② 교환관계의 내용은 當事者의 交涉力에 의하여 좌우되며, ③ 교섭력은 당사자의 購買力과 自生的 秩序에 의하여 결정되고, ④ 구매력과 자생적 질서의 형성에 있어 당사자는 자신의 選好를 오로지 一錢一票의 원리에 의해 比例的, 限界的으로만 반영시킬 수 있다. 그리고 ⑤ 자신의 선호 선택이나 그 반영에 있어 中央体의 權威的 意思에 복종하지 않는다. 요컨대 시장에서는 一錢一票의 원리에 의해 各自의 各自에 대한 關係가 형성되고, 그 교환의 효과는 [그림 1]에서와 같이 거래 · 교환의 당사자에게만 영향을 끼치지만 이것이 큰 질서를 이룬다고 하겠다.

(3) 민주주의의 원리를 살펴보도록 한다. 민주주의의 場은 政府이다. 가장 근본적인 차원에서 정부를 논할 때, 정부를 시장과 구분하는 본질적인 특징은, 정부가 구성원의 행위를 조정하기 위해서 權力을 사용할 獨占的 地位에 있다는 것이다.[22) 시장영역에서 어느 한 회사가 값을 올리거나 불완전이

York, 1937) (An individual who "intends only his own gain" is "led by an invisible hand to promote .... the public interest.").

21) Friedman(註 10), 15.

[그림 1]

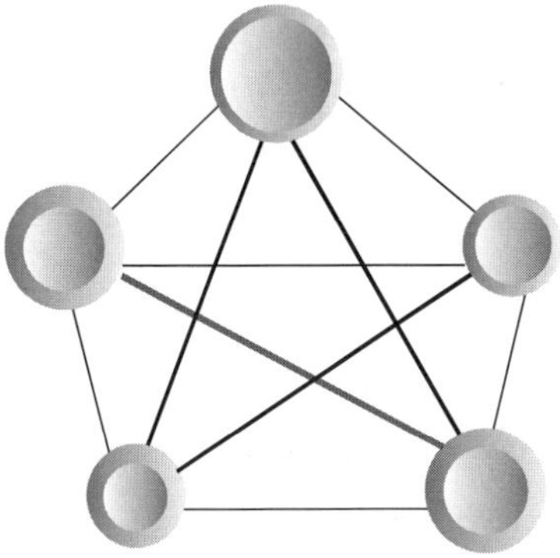

행을 하면 그 상대방은 자유롭게 그와의 관계에서 "脫出"(exit)할 수 있는 반면, 정부가 새로운 세금이나 규제를 제정하면 국가 구성원 모두는 망명 이외의 대안이 없다. 바로 이 점이 정부를 여타의 사적 조직과 구별지우는 것이다. 정부가 이와 같이 구성원을 구속하는 권력을 독점하기 때문에 정부는 구성원에 의하여 구성되어야 하고, 따라서 政府를 構成하거나 정부의 意思를 決定하는 政治行爲에는 구성원 모두가 참여하여 결정하는 一人一票의 原理가 적용되어야 한다. 이것이 보장되지 않는다면 정부가 행사하는 권력은 正當性을 결여한 폭력에 지나지 않을 것이다.

22) Gwartney & et al.(註 12), 118.

정치에 대해서는 대개 "社會的 價値의 權威 있는 配分"이라는 David Easton의 정의가 널리 받아들여지고 있다.[23] 이러한 사회적 가치의 배분을 설명하는 전통적 정치이론으로서(주류의 입장을 굳혀온) 多元主義(pluralism)는 그 과정을 다음과 같이 설명한다.[24] 첫째, 사회는 무수한 정치적 개인들로 구성되는데, 이들은 각자 다양한 선호와 이익을 가지고 있다. 이들은 자신의 선호 · 이익을 최대한 누리기 위하여 集團을 이루어 선호 · 이익을 結集(interest aggregation)하고 表出(interest presentation)하는 과정을 거친다. 둘째, 政治는 代議制 하에서 代表者들에 의한 競爭을 원동력으로 이루어지는데, 이들 대표자, 즉 정치인과 정당들은 경쟁에서 승리하여 정권을 쟁취하기 위하여, 즉 표로 환원된 개인들의 政治的 支持를 확보하기 위하여 상호 경쟁한다. 이와 같은 이익표출과 경쟁의 과정에 의하여 이익집단이 결집 · 표출한 선호는 결국 정치인들의 관심을 끌게 된다. 셋째, 정치과정에서 다양한 선호와 이익들이 경쟁적으로 결합하고 또한 수용됨으로써 결국은 사회내의 最大 多數를 이루는 시민의 선호와 이익이 경쟁에서 勝利할 것인데, 이것이 바로 社會的 價値의 最適 配分을 달성

23) David Easton, *The Political System* 126-130 (1953).

24) 다원주의적 정치관에 관해서는 대표적으로 Theodore J. Lowi, *The End of Liberalism: The Second Repubic of the United States* (2nd ed., 1979) 참조.

하게 한다. 이와 같은 과정은 결국 최대 다수의 선호와 이익을 확보하게 함으로써 公益의 增進에 기여할 수 있다. 결국 다원주의는 競爭과 集合利益(collective interest)을 전제로, 개개인의 선호 · 이익의 總合은 사회전체의 이익양상 즉, 公益에 부합한다는 주장을 편다.

이와 같이 민주주의의 場에서는 구성원의 政治力이 정치적 결정의 내용을 결정한다. 여기서는 정치적 자유가 구현되는 곳이니만큼, 경제적 교섭력에 따라 구성원 사이의 관계가 형성되지 않는다. 정치력은 기본적으로 사회구성원의 선호체계를 잘 읽고 이를 대표함으로써 생기는 것이지만, 정치력이 발휘되는 게임의 規則 또한 정치력에 영향을 끼치게 되어 있다. 게임의 규칙, 예컨대 대표자를 선출할 때 단순다수결(plurality), 과반다수결(majority), 만장일치(unanimity) 중 어느 것을 채택할 것인가는 정치경쟁의 결과에 큰 영향을 미치게 되어 있다. 게임의 규칙은 旣存 政治勢力의 力學關係(status quo)를 반영하는 것이고, 여기에 변혁을 가하자고 하는 쪽에서는 불리하게 작용할 수 있는 게임의 규칙을 극복할 수 있을 정도로 정치적 지지를 확보하여야 한다.

시장에서 경제적 힘이 분산되는 것과 달리, 위에서 본 정치과정에서 일인일표에 의하여 탄생한 政治權力은 본질적으로 中央集權的일 수밖에 없고, 脫中心化되기 어렵다. 정치과정은, [그림 2]에서와 같이, 유권자 한 사람, 한 사람이 바람직한 공동체의 질서에 관심을 두고 함께 모여 의논한 후 한 표씩 행사하여 정치적 권력을 탄생시키는 것이기 때문이다. 정치적으로 결정된 集合的 決定(collective decision)은 전체 국민을 상대로 정부를 통해 실현되고 그 실효성을 확보하기 위해 劃一的으로 執行된다. 의제가 설정되고 정책이 결정되면 남는 것은 일사분란한 정책의 집행뿐이다. 정책이 입법화되면 法規의 一般抽象性으로 말미암아 정책결정과정에서 패배한 소수자의 의사가 반영될 여지는 없다. 아무리 비례대표제를 적극적으로 수용한다고 하여도 정치과정을 통해 나온 결과는 결국 모든 그룹에게 일관되게 적용되어야 한다. 그룹별로 그 적용을 달리한다면, 시장과 달리 정치영역에서는, 결국 非效率과 分裂(fragmentation)로 비추어질 뿐이다.[25]

앞서 살핀 대로 시장은 개별적 · 자발적 행위로 이루어지고, 그런 만큼 폭넓은 多樣性이 허용된다. 각자는 자신이 원하는 색깔에 투표를 하고 그것을 얻을 수 있다. 여기서 그는 다수가 무슨 색깔을 원하는지 살필 필요가 없다. 정치적 용어로 표현하면, 시장은 "比例的 代表" ("proportional representation")를 가능하게 하는 것이다. 이에 반해, 정부에서의 결정은 결코 다양성을 허용할 수 없게 되어 있다. 정부역할의 범위에 대한

---

25) Friedman(註 10), 16.

견해에 관계없이, 정치적 경로를 통한 행위 또는 정치 영역의 특징은, 그것이 "實體的 劃一性"("substantial conformity")을 요구하고 실행한다는 것이다.[26] 중요한 정치적 의제에 관해서는 "一刀兩斷"("yes or no")의 결정이 내려지거나 대안이 제시되어도 투표로 선택될 수 있는 정도의 제한된 數의 대안일 뿐이다. 비례대표제를 도입한다고 하여도 대표될 수 있는 그룹의 수는, 시장과 비교해 볼 때, 제한될 수밖에 없다.[27]

이와 같은 정치과정을 거쳐 형성된 질서를 Hayek는 자생적 질서와 구별하여 組織 내지 人爲的 秩序("organization"; "made order"; "taxis")로 칭하였는데, 인위적 질서는 구체적 목적을 가지고 특정사람들에 의해 만들어진 질서로서 주위에서 보는 대부분의 조직, 예컨대 정부, 회사, 학교의 질서이다. 인위적 질서는 특정한 目的에 봉사하기 위해 탄생하기 때문에 인위적 질서의 내용은 구성원이 이를 쉽게 인지하고 따를 수 있도록 단순하고 구체적이다.

정치는, 이와 같이 특정한 목적을 달성하기 위한 과정이기 때문에, "社會的 結束"("social cohesion") 내지 劃一性을 강요하는 경향이 있다. 정치과정을 시장과 구별하게 하는 특징인 획일성은, 시장이 담당하지 못하는 영역을 정치과정이

---

26) Id. 15.
27) Id. 23.

담당하는 경우에는 불가피한 것이다. 우리가 국방서비스에서 알 수 있듯이 甲이라는 국민은 이 만큼의 국방서비스를 필요로 하고, 乙이라는 국민은 저 만큼의 국방서비스를 필요로 한다고 해서, 각인의 필요만큼 이를 공급할 수는 없다. 불가분의 문제들(indivisible matters)이기 때문이다. 불가분의 문제들에 관해서 민주주의적 해결방식 이외의 방식은 생각할 수 없다.

이상을 요약하면 ① 정부는 集合的·强制的 指示에 의하여 형성되고, ② 지시의 내용은 공동체의 作爲的 秩序·組織에 의하여 결정되고, ③ 작위적 질서·조직의 구성은 構成員들의 相對的 政治力과 旣存 政治勢力의 選好體系(, 그리고 이를 반영하고 있는 게임의 規則)에 의하여 결정되고, ④ 구성원

[그림 2]

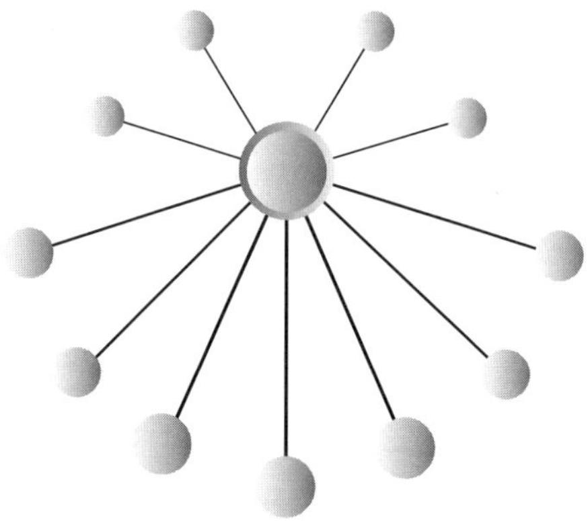

들의 정치력의 형성에 있어 개개인은 자신의 選好를 오로지 一人一票의 원리에 의해 반영시킬 수 있지만, ⑤ 정치력 경쟁에서 敗北한 구성원들은 자신의 선호를 比例的으로 반영시킬 수 없고, 오로지 最小限의 保護만을 받을 수 있을 뿐이다. 요컨대 정부에서는 一人一票의 원리에 의해 政府와 全體構成員 사이의 劃一的 關係가 형성된다고 하겠다.

(4) 시장에서의 정부의 역할이 민주주의의 영역에서의 정부의 역할과 무엇이 다른가? 시장 영역에서의 법적 규율이라는 것, 즉 私法은 앞서 말한 개인의 의사를 실현시키기 위해서, 혹은 개인에게 해를 끼치는 행위를 제어하기 위해 국가의 강제력을 동원한다. 이런 점에서 정부영역에서 특정한 秩序化를 위해 강제력을 동원하는 것과 차이가 없는 것이 아닌가라는 의구심을 가질 수 있다. 그러나 私的 秩序化(private ordering)에 있어서의 정부의 역할과, 公的 秩序化(public ordering)에 있어서의 정부의 역할은 분명히 다르다. 시장에서의 법적 규율은, 共同體의 特定한 目標를 달성하기 위해서라기보다는 私的 個人의 自由로운 領域을 確保해주기 위하여 존재하는 것이다. 사람들은 모여 사는 데 더하여 각자가 자신의 삶을 보다 자유롭게 만끽하기 위해 애를 쓰게 되는데, 여기에 필연적으로 상호간 갈등의 요소가 있고, 이 갈등을 제어하여야만 각각의 개인의 사적 생활이 지켜지기 때문이다. 요컨대, 시장에서

의 개인생활규제는 개인생활을 보호하기 위해서이지 개인의 생활을 희생해 공동체의 목표를 달성하기 위해 존재하는 것이 아니다.

II

民主主義의 原理에 대한 不信

Published in *The New Yorker* August 11, 1997

1. 「市場優位」의 國家體系: 新自由主義

오늘날 맹위를 떨치고 있는 사조는 「新自由主義」이다. 오늘날의 신자유주의는 다종다양한 사조가 난마처럼 얽혀 있는 혼성물이지만(경제학에 한정한다하더라도 신고전파의 분석 중심의 사고, 통화주의(monetarism), 공급자 경제학(supply-side economics), 공공선택학파(public choice), 오스트리아 학파 등 여러 계보로 나누어진다), 신자유주의의 핵심은 「사회의 資源配分을 市場原理에 委任하는 것, 결국 자원의 효율적인 배분을 시장의 자유경쟁 하에서 실현하려고 하는 사고방식」이기 때문이다.

시장 우위의 국가체계를 상정하는 사고방식은, 비단 이론의 차원에서뿐만 아니라, 우리 주변에서 쉽게 발견할 수 있다. 정권이 바뀔 때마다 정부구조개편에 관한 논의가 으레 등장하는데, 이 때 단골메뉴로 회자되는 弄辯이 있다: "정부 각 부처 중 국방부와 공정거래위원회를 제외한 모든 부처를 폐지하여야 한다. 국방부와 공정거래위원회 중 하나를 선택하여야 한다면 공정거래위원회를 선택하여야 한다. 왜냐하면 국방은 시장에서 조달된 傭兵으로 대체하면 되기 때문이다." 경제법을 수강하는 학생들에게서도 비슷한 태도를 발견하게 된다: "시장경제의 원활한 작동을 저해하는 요인으로는 크게 두 가지가 있다. 시장 내부의 요인으로는 獨寡占과 경제 주체들의 競爭制限行爲가 있고, 시장 외부의 요인으로는 政府規制가 있다. 그리고 우리나라 특유의 요인으로 財閥이 있다." 이러한 현학적 諧語와 모범생 정답은 맥락이 다를 뿐, 시장우위의 사고체계가 위세를 떨치고 있음을 여실히 보여주는 사례라 하겠다.

오늘날 미국의 경우, 國民所得의 약 5분의 2가 다양한 정부조직을 거치고 있고, 國土의 약 5분의 2가 정부에 의하여 소유되고 있다.[28] 또한 정부는 시장에서의 게임의 규칙으로 작용하는 법적 틀을 제공하고 있을 뿐만 아니라 「行政國家」(administrative state)라는 호칭에 걸맞게 재화와 용역을 直接供給하고, 소득을 再分配하며, 가격, 노동, 환경 등 국민이 활동하는 거의 모든 영역에 걸쳐 規制를 하고 있다. 또한 정부는 정당한 권력을 독점하고 있기 때문에, 정부를 소득의 배분을 포함한 사회의 모든 문제를 해결할 수 있는 수단으로 생각하기 쉽다. 실제로 정부는 사회의 어려운 문제를 해결하는 데 크게 공헌해왔고 그런 까닭에 정부영역은 확대되어 왔다. 미국의 경우, [표 1]에서 볼 수 있듯이, 정부지출은 대공황이 무

28) Gwartney & et al.(註 12), 118.

르익을 무렵인 1929년에 10.1%(연방3.0%+주7.1%)에 지나지 않았던 것이 계속 증가하여, Ronald Reagan이 취임하기 직전인 1980년에는 33.7%(연방20.4%+주13.3%)에 이른다.[29] 요컨대 정부는 이제 社會的 資源의 配分에 있어 가장 중요한 制度 중 하나라는 데 하등의 의심을 가질 수 없다.

하지만, Reagan이 미국의 대통령으로 취임할 때 연설한 것처럼 때로는 "정부는 해결책이 될 수 없다. 오히려 정부가 문제"일 때가 있다. 주지하듯이 Reagan이 미국의 대통령으로 취임할 당시의 미국은 그러했다. 만성적인 재정적자, 경기불황으로 미국 경제가 추락하고 있었고, 이란 인질사건 등으로 리더십이 땅에 떨어진 상태였다. 캘리포니아 주지사 시절 정부고용, 복지 · 사회보장 支出削減으로 재정적자 문제를 해결하고, 캘리포니아 경제를 번영케 하는 초석을 놓은 Reagan은, 백악관에 입성한 후 減稅政策으로 불황을 극복하고, 規制緩和로 시장에 탄력을 불어넣고, 安定的인 金融政策으로 역대 대통령 중 「일자리를 가장 많이 창출한 인물」로 기록되기에 이른다. Reagan의 이러한 정책은, 종전의 Keynes류의 수요관리만으로는 당시의 스태그플레이션을 치유할 수 없다고 판단하고 적극적으로 공급측면을 자극함으로써 파급효과가 수요의 증대로 미치게 한다는 공급의 경제학, 즉 Reaganomics에 기초

29) Id. 137.

한 것이었다. Reagan은 재임기간 내내 일관성을 가지고, 「작은 政府」와 「市民의 自律」을 강조하는 정책을 유지한 바 있다.

Thatcher가 수상이 될 때의 영국은 Reagan이 집권할 당시의 미국보다 오히려 더욱 어려웠던 것으로 보인다. Winston Churchil의 보수 정권이 2차 대전 직후 실시된 총선에서 실각하고 Margaret Thatcher가 1979년 수상이 될 때까지 무려 35년 동안, 영국은 각종 사회주의적 정책으로 일관하였다. 그 결과, 국영화된 기업과 강화된 노동조합으로 생산성은 크게 저하되고, 인플레이션은 갈수록 악화되고 있었다. Thatcher는 "일한 만큼 얻고, 누리는 만큼 낸다"는 철저한 시장원칙에 입각해서 公企業私有化, 對勞組 强硬策, 金利引上을 통한 인플레이션 억제를 실행하여 강한 나라 영국을 다시 한번 부각시키는 데 성공하였다.

한편, 이와 같은 레이건경제학(Reaganomics)과 대처주의(Thatcherism)의 美·英에서의 성공은, 때마침 불어닥친 世界化(globalization)의 물결을 타고 어렵지 않게 전 세계로 퍼져나갈 수 있었다. 세계화를 지지하는 입장에서는 세계화를, 자유민주주의의 세계적 확대·시장 확대가 가져온 효율성 향상을 통한 수익의 증가·소비자 만족의 증대·상호 문화교류를 통한 국가간 이해의 증대 등을 통해 궁극적으로 세계경제 전체를 번영시킨다는 positive-sum game으로 이해하고 있다. 또한 James M. Buchanan과 같이, 세계화는 필연적인 조류이기 때문에 거부하거나 방어할 수 없으며, 모든 국가는 세계화에 적응하는 방법 외에는 다른 대안이 있을 수 없다고 강조하기도 한다. 이처럼 세계화는 선택의 문제가 아니라, 生存을 위한 戰略으로 인식하는 것이 현 상황인지도 모른다.

세계화된 신자유주의적 국가체계에 대한 평가는, 현대의 경제학을 보수 · 혁신으로 양분하는 분수령이라 해도 좋을 정도로 양분화되어 있다. 좌파진영의 저주[30]는 修辭學에 그친다고 차치한다 하더라도, 세계화를 수반한 신자유주의의 순항을 의심하게 하는 이상 징후들이 도처에서, 다양한 톤으로 들리고 있는 것[31]도 사실이기 때문이다. 하지만 오늘날을 신자유

30) 예컨대 "신자유주의는 경제적 혼란에 대한 혼동의 이론이고, 사회적 난맥상에 대한 어리석은 찬양이며, 재앙에 대한 파국적인 정치적 해결방안"이라는 평가.
http://kin.naver.com/browse/db_detail.php?dir_id=601=243042.

31) 현실에서 벌어지는 현상들은 미국식 경영과 미국식 시장논리만이 국가와 기업, 개인의 부를 키우는 최고 · 최선의 선택이라고 말할 수 없게 만들고 있다. 글로벌 경제의 성지라고 할 수 있는 월가에선 Clinton 행정부 시대의 호황을 신기루로 여기게 하는 조짐이 지속되고 있고, 국제금융계의 요괴로 눈총받던 헤지펀드들이 잇달아 문을 닫고 있다. 아시아에서 시작되어 중남미로 확산된 금융위기의 전파는 국제금융시장에 대한 맹신이 가지는 위험성을 여실히 드러내고, 급기야 이들 국가들은 경제성장과 사회안정을 도모하기 위해서는

주의의 全盛期(heyday)라고 하여도 크게 틀린 말은 아닐 것이다.

그런데 이 대목에서 반드시 짚고 넘어가야 할 요점이 하나 있다. 그것은, 신자유주의가 근대 이래로 검증되어 온 基本的인 價値 내지 가치의 收斂方式에 대해서 부정적 영향을 끼친다는 것이다. 위에서 본 바와 같이, 신자유주의는 케인즈주의를 뒤흔든 거대정부의 재정위기를 배경으로 등장하였기 때문에, 정부의 확대를 가져온 사회복지프로그램과 규제활동을 수술하기 위한 방법론으로 시장 위주의 사고방식이 채택되었는데, 바로 이러한 복지국가의 문제점에 대한 공격이, 근대

국경을 넘나드는 자유로운 자본 이동의 폐해로부터 스스로를 방어하기 위한 해결방안을 찾아야 한다는 소중한 교훈을 얻은 바 있다. 글로벌 이념의 전도사 역할을 해오던 국제통화기금(IMF)과 세계무역기구(WTO) 같은 기구들은 비정부단체(NGO)들의 시위로 협상이 중단되거나 총회가 중도에 끝나는 불상사를 맛보고 있다. 더구나 미국식 개혁이 실패하는 나라가 속속 등장하고 있다. 러시아 · 인도네시아 · 대만은 미국식 시장경제와 민주화를 함께 추구하다가 깊은 불황에 빠졌고, 태국과 한국마저 월가의 논리를 따라 반짝 경기와 침체의 늪을 번갈아 체험하고 있다. 세계화에 대해서도 이를 반대하는 입장에서는, 세계화가 매우 효율적인 자본시장을 보장함으로써 세계경제를 터보 자본주의화하는데 이는 궁극적으로 민주주의를 저해하고, 세계경제를 후기식민제국주의화하고, 사회적 불평등을 심화하며, 약한 문화를 억압하고 공동체 조직을 와해시키는 결과를 가져온다고 주장하고 있다. 송희영, “속 글로벌 시대”, 조선일보 2001. 1. 11. 참조.

이후 보편적 가치로 여겨온 民主主義에 대한 不信으로 이어졌기 때문이다. 실제로 신자유주의를 옹호하는 사람들은 「시장원리 대 민주주의」라는 구도를 설정하고, 시장원리의 우위를 주장함으로써 민주주의 원리 自體에 대해서(민주주의 원리의 適用에 대해서가 아니라) 부정적 인상을 갖게 한다. 그리하여 大衆이 이익집단 · 압력단체를 결성하고 대의민주주의를 이용하여 스스로의 특수이익을 추구하기 때문에, 정부가 비대화되고 그 통치능력이 마비되어 버린다는 過剩民主主義論이 주장되기에 이르게 된 것이다.

2. Kenneth Arrow의 不可能性 定理 v. 完全競爭市場의 均衡

(1) 민주주의의 원리에 입각한 立法行爲와 行政規制가 正當性을 가질 수 있는 근거는, 그것이 公益(public interest)의 實現을 위한 행위라는 데 있다. 입법과 행정이 특수이익집단의 영향에 의해 좌우된다면, 나아가 그 이익에 봉사하는 도구로 전락한다면, 국민은 이에 기속될 아무런 이유를 가지지 못하게 된다. 따라서 민주주의가 정당성을 가지기 위해서는 민주주의 과정을 통해 도출된 결론이 그 사회의 각 構成員들의

選好를 合理的으로 그리고 公正하게 集約한 결과라는 점, 환언하면 민주주의 그 자체가 제대로 기능할 수 있는 사회선호 함수라는 점이 보장되어야 한다.

실제로, 다수결원리를 전제로 하는 민주주의 원리를 신봉하는 사람들은 — 대표적으로는 낙관적 정치다원주의자들은 민주주의가 비록 완벽한 제도는 아니지만, 그것을 통해 사회의 구성원들의 個別的인 選好들을 이른바 공익이라는 이름의 社會全體의 選好體系로 변환시키는 데에는 아무런 문제가 없다고 생각하고, 이를 성공적인 제도라고 평가하고 있다.[32)]

그러나 민주주의에 대한 實證的 評價는 그리 긍정적이지 않다. 먼저 單純多數決의 원리에 의해서는 사회 구성원들의 개별적 선호를 제대로 반영한 사회의 선호를 도출해낼 수 없다는 점이 이미 일찍부터 밝혀진 바 있다. 사회의 어느 한 구성원이 단수정상선호가 아닌 複數頂上選好(multi-peaked preference)를 가지는 경우에는 단순다수결에 의한 투표의 결과가 循環(cycling) 현상으로 인하여 다수의 의견이나 선호를 반영하는

32) 정치다원론자들은 이익집단의 정치에 대한 영향에 대해서 긍정적인 사고를 가진 견해를 피력한다. 다원주의자들은, 서로 경쟁하고 상충하는 이익집단들 사이에 벌어지는 이익의 타협과 조화 그리고 균형이 정치이고, 그 최적균형이 곧 입법이라고 보고, 공익이란 따로 존재하는 것이 아니라, 본래가 이들 상호대립하는 제 이익집단들의 이익주장의 타협이 공익이고, 또한, 그들간의 적정한 균형이 공익이라고 본다. 자세한 것은, 앞의 註 24와 그 본문 참조.

것이 아니라 案件上程 順序를 결정하는 사람의 뜻을 반영하는 것으로 끝나거나, 아니면 투표자들의 戰略的 行爲로 인하여 투표의 결과가 투표자의 진정한 의견이나 가치를 반영하지 못하고 전혀 예측할 수 없게 되어 버린다. 요컨대 공익의 내용이 민주과정에 의하여 왜곡될 수 있는 위험성이 있음이 밝혀진 것이다. 이를 混沌의 定理(Chaos Theorem) 또는 콩도세 逆說(Condorcet Paradox)이라고 한다.[33)]

Kenneth Arrow는 여기서 한 걸음 더 나아가서, 단순다수결의 원리뿐만 아니라 다른 어떤 방식을 통해서도 — 2/3贊成制(two-third majority rule), 滿場一致制(unanimity rule), 順位投票制(rank-order voting) 등을 비롯한 그 어떤 방식을 사용하더라도 낙관적 정치 다원주의자들의 민주주의에 대한 긍정적 평가 또는 기대가 환상에 불과하다는 것을 수학적으로 증명해 낸 바 있다.

Arrow는 여러 가지 다양한 선호체계를 가지는 주체들로 구성된 사회에서 어떤 政策이 사회전체의 厚生의 크기를 增加시킬 수 있는가의 문제에 대해 연구를 하는 과정에서, 결국 공정한 선호결집을 위해 필요한 最小限의 前提條件을 充足시킬 수 있는 社會厚生函數는 존재하지 않는다는 점, 즉 사회후생함수로서 사회구성원들의 선호를 公正하게 결집해내기 위

---

33) 예컨대 박세일(註 16), 726-733 참조.

해서 반드시 충족해야 한다고 볼 수 있는 다음의 다섯 가지 전제조건을 충족하는 集合的 決定過程(collective decision process)은 존재하지 않는다는 것을 수학적으로 증명하였다. Arrow는 아래 (1), (2), (4), (5)의 조건을 충족하는 선호함수는 결국 獨裁者를 만들어 낼 수밖에 없어 (3)의 조건을 충족할 수 없다는 점을 수학적으로 증명한 바 있다.[34)] 이것을 Arrow의 不可能性 定理(Arrow's Impossibility Theorem)라고 한다.

(1) 最小限의 合理性(Minimum rationality): 사회가 B보다 A를 더 선호 하고, C보다 B를 더 선호한다면 그 사회는 A를 C보다 더 선호한다.

(2) 파레토 基準(The Pareto standard): 사회의 어느 한 구성원이 B보다 A를 더 선호하고, 나머지 다른 구성원이 그 문제에 대해 특별한 의견이 없다면 그 사회는 B보다 A를 더 선호한다.

(3) 非獨裁性(Non-dictatorship): 사회의 선호는 그 사회의 어느 한 구성원의 선호에 의해 독재적으로 결정되어서는 안 된다.

(4) 무관한 선택 대상으로부터의 獨立性(Independence

34) Kenneth Arrow, *Social Choice and Individual Values* (2nd ed., 1963). 다섯 가지 전제조건을 公正性 조건으로 본 논문으로는, Maxwell L. Stearns, "Standing Back From the Forest: Justiciability and Social Choice," 83 *Cal. L. Rev.* 1309 (1995).

of irrelevant alternatives): A와 B에 대한 선호의 우열의 결정에 있어서, 현재 안건에 상정되지 않은 C는 A, B에 대한 선호결정에 영향을 주지 않는다.

(5) 普遍性(Universal applicability): 사회후생함수는 특정한 상황에서 의 개인들의 선호만을 반영하는 것이 아니라, 모든 경우의 개인들의 선호를 반영할 수 있는 것이어야 한다.

Arrow 정리의 현실적인 함의는 매우 충격적이다. 첫째, 민주주의에서 구성원들의 선호를 집약해서 이를 사회의 선호, 즉 公益(public interest)으로 표현하려는 어떤 노력도 결국 실패할 수밖에 없다는, 다시 말해서 공익내용의 확정을 위한 바람직한 방법, 사회적 선호를 만들기 위한 個人 選好의 바람직한 結集方法은 존재하지 않는다는 결론에 이르게 된다. 둘째, 따라서 구성원 개개인의 선호체계의 통합인 社會的 均衡(social equilibrium)의 불안정성이 나타나 어떠한 대안도 안정적인 균형점이 될 수 없다. 셋째, 대안선택의 순서나 대안선택 방법 등의 조작으로 어떠한 대안도 社會的 最適案, 즉 公益으로 될 수 있음을 의미한다. 즉 정책의제 설정권자에 의한 사회적 선택결과의 操作可能性(manipulability)이 문제시되는 것이다. 민주주의를 지지하는 사람들에게는, 민주주의 과정을 통해 확인된다고 여겨져 온 공익이란 것이 실제로는 실체가 없거나 의안 상정자들의 자의에 의해 언제든지 바뀔 수 있는 것이라는 결론은 당혹스럽기 짝이 없다. 이런 까닭에 Arrow의 정리는 시장주의에 대한 관계에서 민주주의를 立論하려고 할 때 반드시 통과하여야 하는 관문이 된다.

(2) 이와 같이 민주주의의 한계가 수학적으로 증명된 데 반하여, 시장의 원리는 그 완벽함이 — 비록 일정한 전제 아래이긴 하지만 — 수학적으로 증명된 바 있다. 다음의 네 가지 전제조건이 충족되는 경우의 시장, 즉 完全競爭市場은 효율적인 자원배분이 달성되는 균형상태에 이르게 되는 것이다.[35]

(1) 無數한 販賣者와 購買者가 있어 모두가 가격을 주어진 것으로 받아들이고 있어야 한다.
(2) 이 시장에서 거래되는 모든 商品은 同質的이어야 한다.
(3) 자원의 완전한 移動性(mobility)이 보장되어 있어야 한다. 바꾸어 말하면, 이 시장으로 進入하는 것과 離脫하는 것이 완전히 自由로워야 한다.
(4) 이 시장에 참여하는 모든 경제주체가 完全한 情報를 갖고 있어야 한다.

완전경쟁시장에서는 무엇보다도 경쟁의 압력 때문에, 모

35) 이하는 이준구 · 이창용(註 7), 205 이하에 의존하였다.

든 경제 주체들이 최대한의 효율성을 추구하지 않으면 안 되는 분위기가 조성되고, 그리하여 각 경제주체가 경쟁에서 살아남기 위해 스스로 효율성을 극대화하게 된다. 이러한 치열한 경쟁조건으로 인해 완전경쟁시장에서는 언제나 價格(P)이 限界費用(MC)과 같아지는 결과가 나타나고, 이처럼 P=MC의 조건이 충족되기 때문에 자원이 효율적으로 배분될 수 있게 된다. 수요자는 상품의 소비에서 나오는 限界便益(MB)이 가격과 일치하는 수준에서 그 상품의 수요량을 결정한다. 이와 같은 수요자의 태도 때문에 MB=P가 성립하게 되는데, 완전경쟁시장에서 P=MC가 성립하고 있으므로 결국 MB=MC, 즉 한계편익과 한계비용이 같아지는 결과, 완전경쟁시장에서의 **短期均衡**이 나타나게 된다. 또한, 단기에서 완전경쟁시장 내의 기업들이 正(+)의 이윤을 얻고 있으면 새로운 기업들의 진입이 일어나게 된다. 한편, 이윤을 얻지 못하는 기업들은 문을 닫고 시장에서 이탈해 나간다. 이와 같은 장기조정과정을 거쳐 **長期均衡** 상태에 이르게 되는데, 이 상황에서는 모든 기업들이 零의 利潤밖에 얻지 못한다. 완전경쟁시장의 장기균형상태에서 각 기업은 장기평균비용곡선의 최저점에서 생산하게 된다는 점도 완전경쟁시장의 효율성을 입증하는 하나의 증거로 들 수 있다. 장기평균비용곡선의 최저점에서 생산이 이루어진다는 것은 우리가 생각할 수 있는 최저의 생산단가에서 그 상품을 생산하게 됨을 의미하기 때문이다.

(3) 이처럼 완전경쟁의 조건만 충족되면 시장의 원리는 적어도 효율성의 관점에서는 완벽한 정답에 이르게 해 주지만, 완전경쟁시장이라고 해서 모든 측면에서 이상적이라고는 말할 수 없다. 나름대로의 限界가 있는 것이다.

우선 지적하여야 할 점은, 一定한 前提條件이 충족된 다음에야 비로소 완전경쟁시장의 균형이 있을 수 있다는 것이다. 만약 이들 중 어떤 것이 충족되지 않는다면 자원배분은 비효율적인 것으로 되고 만다. 위에서 거시한 조건 중 특히 두 번째 조건과 네 번째 조건은 충족되기 어려운 조건이고, 따라서 이 네 가지 조건을 모두 구비하고 있는 시장의 예를 實際에서 찾는다는 것은 거의 불가능에 가깝다. 완전경쟁시장은 일종의 理念型으로서 원리를 파악하거나 현실의 시장을 평가하는 잣대의 역할을 할 뿐이다. 물리학자들이 현실에서는 거의 존재하지 않는 진공상태의 물리현상에 관심을 기울이는 것과 같은 이치이다.

다음으로 지적할 점은, 설사 전제조건이 모두 충족된다 하더라도 완전경쟁시장은 公平한 分配라는 측면에서 여전히 한계를 드러낸다는 것이다. 완전경쟁시장의 강점은 오직 효율적 자원배분에 있으며, 衡平性의 추구와는 직접적 관련이 없다. 수많은 판매자와 구매자가 치열한 경쟁을 벌이고 있다는 사실과 이 시장에서 결정된 소득의 분배가 공평하다는 것 사이에는 아무런 논리적 연관이 없기 때문이다. 또한 現實의 市場은 공동체의 유지·존속에 필요한 公共財의 生産과 外部性의 解決을 담당하지 못한다.

그러나 市場失敗의 존재가 곧바로 政府介入, 그리고 정부구성원리로서의 民主主義를 正當化하지는 않는다. 민주주의의 원리 자체가 Arrow가 밝힌 대로 한계를 가지고 있을 뿐 아니라, 시장의 실패로 인해 생긴 비효율을 시정한다는 명목으로 정부가 개입했을 때 언제나 더 좋은 결과를 얻을 수 있다는 보장이 없기 때문이다. 실제로 정부개입 그 자체가 비효율성을 가져오는 원인이 될 수 있을 뿐 아니라, 개입의 효과가 엉뚱한 방향으로 —말하자면 「오이디푸스 效果(Oedipus effect)」가 나타날 수 있다. 또한 정부를 움직이는 政治人이나 官僚들도 시장의 경제주체와 마찬가지로 合理的(rational)이므로 자신의 이해관계에 따라 정부를 움직여 나갈 수 있음을 부정할 수 없다. 그래서 오늘날의 경향은 시장실패보다 政府失敗가 그 발생가능성이나 폐해의 크기에서 보다 심각한 결과를 초래한다고 보고 있는 것이다.

III

民主主義 再評價: 歷史的 觀點

"Drat! I suppose the market has already discounted this, too."

Published in *The New Yorker* September 1, 1986

1. 「市場 優位」의 國家體系, 歷史의 終焉인가 아니면 또 다른 이데올로기인가?

현재 우리 사회에서 논의되고 있는 이데올로기들은 거의 모두 근대 서양에서 자본주의 산업사회의 문제들을 해결하기 위해 등장한 것이다. 대개 이데올로기는 價值觀, 政治體系 및 經濟體系에 관한 것인데, 이 중에서 논란이 분분하면서 의미 있는 것은 주로 경제체제에 관한 것이다.

공동체의 구성원들은, 공동체가 어떤 이데올로기를 지향하는가에 따라 큰 영향을 받게 되어 있다. 이데올로기는 공리주의, 자유주의, 평등주의, 공동체주의 등 다양한 근대이념의 명칭에서 볼 수 있듯이 각기 지향하는 궁극적 가치를 가지고 있고, 사람의 삶은 개인의 자유만을 중시하는 사회에 있어서와 그 밖에도 평등이나 공동체 전체의 안위와 행복을 안중에 넣는 사회에 있어서 다른 모습을 띨 수밖에 없는 것이다. 따라서 共同體의 이데올로기는 國民的 合意過程을 거쳐 決定되고 持續的으로 檢證되어야 한다.

그런데 사회 전체의 관점에서 중요한 것은, 추구하는 **窮極的 價値 그 자체보다는 그것을 실현하는 政治 · 經濟制度이다.** 그것은 다음의 세 가지 이유에 기인한다. 첫째, 사회가 추구하여야 할 가치에 관해서는 구성원 사이의 합의를 도출하기가 어렵다. 따라서 사회는 이를 수면위로 끄집어내 의제로 삼기보다는 多樣性(diversity)을 존중하는 사회라는 캐치프레이즈(catch phrase) 아래 다양한 가치를 추구하는 것으로 정리하게 마련이다. 말하자면 사회의 구성원들은 窮極的 價値의 問題를 潛伏시키는 데 대개 합의한다.36) 둘째, 가치의 문제가 잠복되어 있다고 해서 구성원들이 자신의 가치지향을 포기하는 것은 아니다. 따라서 그들은 가치의 실현에 직접적인 영향을 미치는 政治·經濟制度의 設計 및 運用에 關心을 집중하게 된다. 셋째, 예컨대 어떤 사회가 평등을 추구한다고 할 때, 정작 구성원의 삶에 영향을 미치는 것은 평등 그 자체라기보다는 그것에 구체적 내용을 담고 그것을 실현하는 정치·경제제도이다. 따라서 어떤 사회가 자기와 다른 생각을 인정하고 존중하는 寬容의 에토스(ethos)를 지녔다고 하더라도, 다양한 價値 사이의 優先順位는 정치·경제제도를 통해 정해지게 마련이다.

이것을 뒤집어 생각해보면 현재와 같은 市場과 政府의 關係의 정립은, 그 정립이 함축하고 있는 理念·價値體系를 前提하고 있는 것이고, 그 결과 국민적 합의과정을 거쳐야 할 공동체의 가치체계 정립문제를 우회하여 달성하려고 하는 것

36) 이런 논의의 대표저서로는 John Rawls, *Political Liberalism* (1996)

으로도 볼 수 있을 것이다. 말하자면 시장 우위의 이분법은 결과적으로 그것이 전제하는 이데올로기의 迂廻的 强要일 수 있다고 하겠다. 이것이 이데올로기라면, 그것은 科學의 문제가 아니라 국민이 선택할 政治의 문제이다.[37)]

앞서 본 바와 같이 시장 우위의 이분법이 전제하고 있는 이념이라면 그것을 「新自由主義」라고 해도 무방할 것이다. 신자유주의의 핵심은 「사회의 資源配分을 市場原理에 委任하는 것, 결국 자원의 효율적인 배분을 시장의 자유경쟁 하에서 실현하려고 하는 사고방식」이기 때문이다. 그런데 시장 우위의 이분법이 古典的 自由主義와 구별되는, 다음과 같은 특징을 가진 「新」自由主義를 제도화한 것이라면 문제가 아닐 수 없다.[38)] 첫째 신 · 구 자유주의는

37) 정치와 과학의 대조적 개념 정의에 관해서는 James M. Buchanan, The Reason of Rules: Constitutional Political Economy, 43-44 (2000). Buchanan은 사회적 상호작용에는 두 가지 유형, 즉 과학과 정치가 있다고 주장한다. 정치와 달리 과학은, 비개인적인, 상호동의가능한 가치, 즉 진리의 존재를 받아들이고, 나아가 함께 하는 작업의 모든 참가자들이 이 진리를 공동의 목표로 받아들이는 사람들에 의해 추구되는 사회적 행위라고 본다. 따라서 과학을 交換 패러다임(exchange paradigm)으로 바라볼 수는 없다. 반면, 정치는 교환 패러다임에 의해 파악할 수 있는 대표적인 사회적 행위이다. 이런 관점에서 보면 정치행위는 참여자들이 서로의 가치를 교환하여 어떤 균형점을 찾아가는 과정인 반면, 과학은 참여자 모두가 동의하는 유일한 가치인 진리를 찾아가는 과정이다.

38) 이하는 二宮厚美, 現代資本主義と新自由主義の暴走(新日本出版

타개하여야 할 對象이 다르다. 고전적 자유주의의 상대는 중상주의로 무장한 絕對王政인 반면, 오늘날의 신자유주의는 전후의 福祉國家를 해체할 수 있다. 신자유주의의 대표적 논객이랄 수 있는 Milton Friedman에게서 직접 들어보자.

"19세기의 자유주의자는 자유를 확장하는 것이 복지와 평등을 촉진하기 위한 가장 유효한 방법이라고 생각하고 [있었지만, … 바야흐로 20세기의 변절된 자유주의자들은] 복지와 평등의 이름으로, 실로 고전적 자유주의자가 반동적이라고 싸웠던 국가의 간섭과 온정주의적인 제 정책의 부활을 편들어, …, 진정한 자유주의자를 반동적이라 지탄하기를 좋아하게 [되었다.] … 자유의 유지와 확장은 오늘날 두 방향으로부터 위협을 받고 있다고 보지 않으면 안된다. 하나는 우리를 장사지내려고 하는 크렘린의 악당으로부터 오는 외부적인 위협[이고, 다른 하나는] 개혁을 바라는 성의와 선의의 사람들로부터 오는 내부적인 위협[이다.]"[39]

둘째, 신·구 자유주의는 市場原理의 徹底化를 기할 때, 그 方式을 달리한다. 고전적 자유주의가 시장원리를 펼치려고

社, 2000)에 전적으로 의존하였다. 이하에서는 특별히 강조할 필요가 없으면 일일이 주석을 달지 않기로 한다.

39) Friedman(註 10), 5-6.

할 때의 방법은 국가개입의 폐지, 즉 自由放任的 政策이었지만, 신자유주의는 오히려 强한 國家를 배후로 하여 시장경쟁질서를 강화하는 면이 없지 않다. 二宮厚美의 비유를 들어보자. 시장경제는 자생식물이 아니라 그 성장 · 성숙에 극진한 배려를 요하는 온실식물이다. 온실식물로서의 시장원리가 무사히 육성되기 위해서는 자유방임이 아니라 강한 국가에 의한 권력적 지원이 필요하다.

셋째, 신 · 구 자유주의는 그 目標가 다르다. 이 차이는 시장원리가 작용하는 歷史的 條件의 변화로부터 생기는 것이다. 고전적 자유주의가 목표로 삼았던 것은 소상품생산자들이 시장을 무대로 하여 자유로운 경쟁을 전개하는 近代 市民社會의 實現이었고, 따라서 당시의 시장주의는 近代 民主主義의 代理(proxy)의 성격이 강하였다. 반면에, 신자유주의는 이미 독점화된 자본주의를 배경으로 해 등장하였기 때문에 시장원리의 강조는 獨占的 强者의 利益에 부합하는 것으로 보일 수 있다. 소생산자의 영업의 자유나 시민의 고전적 자유를 실질화하기 위해서는 오히려 시장원리에 제약을 가하는 공적 규제나 인권 보장의 민주적 사회제도가 필요하다고 볼 수 있기 때문이다. 말하자면 신자유주의가 말하는 시장원리의 철저화는 市民的 自由를 形骸化시키는, 대기업이 잠입시킨 "트로이의 木馬"로 보일 수 있는 것이다.

시장우위의 이분법이 이와 같이 고전적 자유주의와 구별되는 신자유주의라고 한다면, 시장우위의 이분법 하에서의 시장은, 二宮厚美의 표현대로, 神의 "보이지 않는 손"의 지위에서 "物神 그 자체"로 격상된 것을 의미한다. 물신으로서의 시장은 경쟁상의 「優劣勝敗」의 判定에 머무르지 않는다. 물신은, 그 추종자로 하여금 자신에 의한 평가를 맹신하게 하는 眞言을 읊어대게 함으로써 어렵지 않게 자신의 진언을 制度化하는 데 성공하고 나면, 자연스럽게 「善과 惡」의 判定까지 담당하려고 나설 것이다. 오늘날의 신자유주의는 소비자 주권이나 소비자 이익을 강조하고 자유경쟁 속의 고비용 구조의 시정이나 자기책임의 철저화를 설파하면서 구조개혁이란 이름으로 적극적으로 규제완화나 시장화 · 민영화를 추진하는 데에서 그치지 않는다. 그것은 하나의 잣대(single-metric)로 사회에서 벌어지는 모든 행위를 裁斷하려고 하는 것이다. 시장우위의 이분법은 바로 여기에서 이데올로기일 뿐이라고 주장되는 것이다.

2. 美國史 槪要

(1) 시장 우위의 이분법을 역사적 맥락에서 살펴보는 것

은, 이 글의 테제 — 즉 시장영역과 정치영역은 항상 명확히 구분될 수 없으며, 또한 경제 운용에 있어 정치논리를 완전히 배제하는 것이 항상 옳은 것도 아니라는 주장을 뒷받침하는 또 하나의 근거를 확보하는 의미가 있다. 왜냐하면 인류의 역사는, 시대의 변화와 사회여건 · 사고방식의 변화에 따라 시장논리와 정치논리 사이의 경계선이 바뀌었던 수많은 예를 가지고 있기 때문이다.

몇 가지 예를 들어보자.40) 19세기 말 영국을 포함한 유럽 제국의 정부들이 당시 탄광 및 방직공장 등에서 성행하던 兒童勞動을 금지하려 하자, 많은 사람들은, 일하려는 어린이들과 이들을 고용하려는 사용자들 사이의 자유로운 계약을 정부가 막는 것은 「反市場的 行爲」라고 반대하였다. 그러나 오늘날 이들 제국에서 볼 수 있듯이, 정부가 아동을 고용한 사용자를 처벌한다고 해서 정치논리가 시장논리를 앞섰다고 생각하는 사람은 없다. 사회정의의 개념과 고용 관행이 그 사이에 완전히 바뀌어, 이 나라 국민들은 이제 어린이들을 더 이상 노동시장에의 정당한 참여자로 보지 않게 된 것이다. 지금은 누구나 당연시하는 企業의 有限責任制度도 19세기 후반 처음 도입되었을 때, 많은 사람들은 이 제도가 기업가의 도덕적 해이를 가져와 시장논리를 해친다며 반대하였다. 이후 도입된

40) 장하준, "정치논리와 시장논리: '시장'서 '정치' 배제해야 하나", 조선일보 1999.9.29.

獨寡占 規制, 金融市場 規制, 財政赤字를 통한 景氣浮揚, 公共勤勞事業, 累進稅를 통한 所得再分配 등의 정책들도 모두 처음에는 시장논리에 역행하는 것으로 비난받았지만, 이제는 자유방임의 원조국인 미국조차 일상적으로 집행하는 정책들이 되었다.

미국사를 살펴보는 것은 이러한 단편적인 예들이 가지는 한계, 즉 牽强附會 내지 我田引水式의 인용이라는 오해를 불식시키고 문제를 보다 근원적으로 살펴볼 수 있는 기회를 제공한다. 미국은 舊體制로부터 탈출한 자유시민들이 로마 이후 人類 最初의 共和政을 실현한 나라이고, 지구상 어느 나라보다 자유방임적 정책기조가 강한 나라이다. 이러한 미국에서 이 글의 테제가 받아들여질 수 있다면 여타의 모든 나라에서도 통할 수 있는 普遍妥當性을 입증해내는 것이다.

(2) 미국이 건국의 기틀을 잡기 시작할 무렵, 국가 구조에 관한 두 가지 사상이 충돌하였다.[41] 이른바 古典的 憲法構造는 덕망 있는 시민의 적극적 참여를 요구하는, (직접 민주주의적인) 「작은 정부 민주주의」를 내용으로 하였는데, 이에 대해서는 非生産的일 뿐만 아니라 黨派主義의 위험, 즉 잘 조직

41) 이하는, Cass R. Sunstein, *After Rights Revolution* 11-46 (1990)을 요약한 것이다.

된 이익집단 사이의, 원칙에 맞지 않는 거래를 통해 정부능력이 탈취될 수 있다는 우려가 있었다. 고전적 헌법구조는, 미국 "建國의 아버지"("Founding Fathers") 중의 하나인 James Madison에 의하여 개조되어 현재의 미국 헌법으로 탄생하게 되었는데, 그 요체는 주지하듯이 共和主義(Republicanism)와 代議 民主主義이다. Madison은, 국민의 대표가 진정한 국익이 무엇인지에 관해 고민하고 토론하여 결론을 도출하는, 소위 審議民主主義(deliberative democracy)를 만들어낼 수 있는 것은 이익집단과 절연된 대표를 가진 커다란 공화국으로 생각하였던 것이다. 그는 巨大한 共和國의 당파들은 다수 · 다양해서 서로를 상쇄하여, 대표들이 숙고하면서 공익을 위해 봉사하도록 할 수 있다고 믿었던 것이다.

Madison은 이러한 거대한 공화국을 설계하면서 마음 한쪽에서 두려움이 싹텄는데, 그것은 거대 공화국이 국민의 자유를 앗아갈 수 있다는 것이었다. 따라서 거대한 공화국에 대한 牽制策을 구상하게 되었는데, 국민의 私的 自由와 財産權을 지키기 위해 정부의 개입을 제한하는 헌법시스템을 만들어내기에 이른다. 미국 헌법에 규정된 ① 열거된 연방정부의 권한, ② 견제와 균형의 삼권분립, ③ 州의 자치를 인정하는 연방주의, ④ 국민의 권익을 지켜줄 법원의 사법심사, ⑤ 개인의 消極的 · 防禦的 基本權이 바로 그것이다.

이러한 시스템의 결과, 정부의 시장(사회)에 대한 규제의 기능은 이를 普通法 法院이 맡게 되었다. 판사들은 물권, 불법행위, 계약에 관한 기본적인 원칙을 만들어 냄으로써, 관료들에 의해 행해졌을 기본적인 규제기능을 성공적으로 수행하였던 것이다. 그리하여 19C 후반까지만 해도 보통법 원칙은 中立的, 前政治的(prepolitical)인 것으로, 실제로 헌법적이라기보다는 私的인 妥協으로 받아들여졌던 것이다. 이러한 보통법 원칙들은 자연스럽게 自由放任的 構造를 형성하였고, 결국 국민들에게 규제에 있어 國家不在(statelessness)의 관념을 심어주게 된다. 요컨대 New Deal 이전까지는 보통법이 규제기능을 맡았으나, 사람들은 보통법을 중립적이고 前法的(prelegal)인 것으로 인식하였고, 판사들은 특히 보통법 원리들을 규제시스템으로 전혀 인식하지 못하였으며, 대신에 그것을 規制가 아닌 自然狀態를 확인한 것으로 보게 되었던 것이다. 그 반사적 결과, 政府規制는 공동체의 바람직한 모습을 만들어가는 人爲的 手段으로 인식되게 되었다.

하지만 보통법은 20세기에 들어서면서 커져만 가는 미국을 다스리기에는 부족한 機制임을 여실히 보여주게 된다. 1930년 공황이 그 정점을 이루는데, 이 위기에 부닥친 뉴딜개혁가는 드디어 보통법을 규제시스템으로 不適合하다고 생각하기 시작한다. 그들은, 시장의 원리를 확인하는 것으로 평가한 보통법이 시장실패를 막지 못하고 오히려 부추기는 결과를 초래하여, 저임금 · 고실업을 불러오고 급기야 전례 없는 大恐慌을 결과하였다고 생각한 것이다. Lochner 사건[42]을 대표로 하는 일련의 사건에서, 법원은, 경제적 곤란을 극복하려는 정부의 노력을 여지없이 사적 자치에 반하는 위헌의 조치라고 판단함으로써, 뉴딜개혁가로 하여금 보통법을 정부의 선택이라고 인정할 수 없게 만들었던 것이다. Lochner主義(Lochnerism)로 명명된 일련의 판결들은 실제에 있어서도 경제적으로 막심한 혼란을 야기했고, 재산권의 횡포를 민주주의적 통제로부터 피신시킴으로써 사회적 약자들을 보호하지 못하였으며, 정부를 무력화시켜 결과적으로 경제를 재생시키고 안정화시키는데 결정적 장애로 작용하였던 것이다. 이러한 사회분위기로 인하여 미국은 자유주의에 대한 심각한 회의에 빠지게 되고, 당시 전세계를 휩쓸고 있던 集産主義(collectivism)와 케인즈 경제학을 수용하게 되었다. 規制國家가 탄생하는 순간이었다.

Franklin D. Roosevelt 정부는 경제회생을 위해 광범위한 정부 간섭의 필요성을 절감하고, 나아가 中央化 · 統一化된 權力體制가 州와 法院의 기선을 제압하고 극적인 정부규제를 허용하는 데 필수적이라고 인식하였다. 이로 인해 국민의 삶의 구석구석을 파고드는 광범위한 규제가 생겨나게 되는데, 이는

42) Lochner v. New York, 198 U.S. 45, 25 S.Ct. 539, 49 L.Ed. 937 (1905).

[표 1] The Growth of Government Expenditures, 1929 - 1997

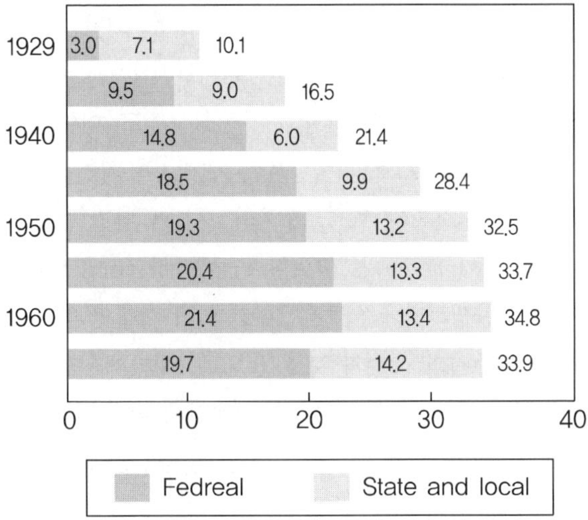

출전: James D. Gwartney & et al., Economics: Private and Public Choice, 137 (2000).

[표 1]에서 볼 수 있는 바와 같이 정부 예산의 증가를 보면 확연히 드러나게 된다. 규제의 필요성으로 인해 새로운 정부 기관들(agencies)이 탄생하게 되었는데, 이들은 입법적 기능뿐만 아니라 司法 및 執行의 권력까지 손에 쥠으로써 폭넓은 정책입안 권한을 행사할 수 있었다.

이러한 정부의 적극적 활동은, 대통령과 의회의 작품으로, 소위 "權利革命," 즉 少數者를 위한 積極的 · 要求的 權利를 탄생시켰다. Roosevelt는 거주, 복지, 고용, 교육, 음식 등에 관한 권리를 보장하는 "제2의 權利章典"("second Bill of Rights")을 발표하여 그 시발점을 장식하였고, 이어 1960 · 70년대의 법적으로 보호받는 수많은 권리, 즉 차별금지, 환경, 노동자, 빈자, 소비자 보호, 표현의 자유가 입법되었고, 급기야는 Lyndon Johnson의 "偉大한 社會"("the Great Society")라는 수사가 탄생하기에 이른다. 요컨대 이 시대의 미국은 경제적 생산성 증진과 소수자 보호를 위해, 규제시스템으로서 보통법을 버리고 거대행정국가를 채택하게 된 것이다.

하지만 1970년대를 거치면서 거대행정국가로서의 미국에 적신호가 켜진다. 자유보다는 복지가 키워드가 된 집산주의국가는, Hayek의 우려대로 이미 農奴制로 가는 길(*The Road to Serfdom*)[43]에 들어서 있었던 것이다. 경제행위에 대한 중앙집권적 관리가 초래한 엄청난 사회적 비용을 더 이상 감당할 수 없게 된 미국은 規制 失敗에 대해 자각하기 시작한다. 대통령, 의회, 법원 모두는, 行政部處의 自律(administrative autonomy)에 대한 뉴딜적 믿음을 버리게 되었고, 경제적 생산성 증진과 소수자에 대한 보호라는 막연한 정당화에 치우쳐,

---

43) Friedrich A. Hayek, *The Road to Serfdom* (1943).

개별 규제입법에 대한 명확한 근거 없이 過剩規制 또는 過小規制를 불러왔음을 반성하게 된 것이다. 이제 의회는 견제와 균형의 오래된 관념을 부분적으로 부활시키려 하고 있다.

이러한 자각이 가능했던 데에는 여러 요인이 작용하였다. 東西 競爭을 통한 역사적 체험, 즉 시장의 우위에 대한 歷史的 證明이 한 몫을 한데다가, 신자유주의의 시대사조가 가세하였으며, 각종 사회과학이 발전하여 정부를 비롯한 정치과정을 분석할 수 있는 능력을 확보할 수 있었던 것도 역할을 하였던 것이다. 특히 사회과학의 발전에 주목할 필요가 있는데, 이제는 사회과학의 발전 정도가 규제가 가져오는 비용과 편익을 분석 · 비교할 수 있는 수준에까지 이르렀다는 자신감에 기초하여, 미국은 "費用便益國家"("cost-benefit state")로 거듭나야 하는 만큼 비용편익분석틀을 정부의 "基本運用方式"("modus operandi"), 즉 "準憲法的 改正"("quasi-constitutional amendment")으로 보아야 한다는 주장까지 제기되고 있는 것이다.[44] 비용편익국가는 "정부의 업무수행이 그 비용과 편익을 비교함으로써 평가"되는 국가를 말하는데, "정부는 자신이 취하려는 조치의 편익이 그 비용을 상회하기 전에는 시장의 浮沈에 개입하여서는 안 된다"는 소신에 기초한 것이다.[45] 현

44) Cass R. Sunstein, "Legislative Foreword: Congress, Constitutional Moment, and the Cost-Benefit State", 48 *Stan. L. Rev.* 247, 249 (1996).

재 미국 공법학계는 비용편익국가의 주장을 놓고 찬반양론이 격한 투쟁을 벌이고 있는 실정이다.[46]

3. 美國史의 含意

역사를 들여다보면 인간사회의 운영원리가 발전하는 방향이 시장 쪽이라고 속단할 수 없음을 알게 된다. 오히려 循環하는 듯한 생각을 지울 수 없다. Adam Smith의 경제학[47]은

45) 이와 같은 주장은 특히 Cass Sunstein의 여러 논문에서 쉽게 발견할 수 있는 것이다. 예컨대, Cass R. Sunstein, "Health-Health Tradeoffs", *63 U. Chi. L. Rev*. 1533, 1535(1996); Richard H. Pildes & Cass R. Sunstein, "Reinventing the Regulatory State", 62 *U. Chi. L. Rev*. 1, 72-76(1995); Cass R. Sunstein, "Administrative Substance", 1991 *Duke L.J.* 607, 637-639; Cass R. Sunstein, "Paradoxes of the Regulatory State", 57 *U. Chi. L. Rev*. 407(1990). 근래의 저서인 Cass R. Sunstein, *Free Market and Social Justice*(1997)는 위 논문들을 포함한 자신의 주장을 집대성한 것이다.

46) 반론으로는 Thomas O. McGarity, "A Cost-Benefit State", 50 *Admin. L. Rev*. 7, 9(1998); David M. Driesen, "The Societal Cost of Environmental Regulation: Beyond Administrative Cost-Benefit Analysis", 24 *Ecology. L. Q*. 545(1997); Thomas O. McGarity, "The Expanded Debate Over the Future of the Regulatory State", 63 *U. Chi. L. Rev*. 1463(1996).

47) 사상사적으로 볼 때 Adam Smith가 등장하기 이전의 경제학적 단상

왕실의 곡간을 채우는 데 기여한 17세기의 重商主義的 干涉을 디딤돌로 하여 탄생한 것이고, 일세를 풍미한 自由放任은 1930년대 대공황을 기점으로 정부의 集散主義(collectivism) 앞에 고개를 숙였으며, 이제 큰 정부의 干涉 · 溫情主義(paternalism)는 다시 자유의 가치 앞에 무릎을 꿇고 있기 때문이다. 이와 같이 미국을 포함한 서방의 역사는 **자유방임 → 대재난 → 과잉규제 → 규제혁파 → 자유방임의 순환**을 하는 것으로 보이고, 그렇다면 앞으로 다시 민주주의의 원리가 다시 주도적인 사회구성원리로 자리매김될 수 있을 것이란 예측이 가

을 가진 사람들, 환언하면 제1세대 경제학자라고 할 수 있는 사람들은 대체로 신학자 혹은 철학자들이었다. 이들은 당시의 급변하는 사회적 상황 속에서 새로운 경제질서의 도덕성을 정립할 필요를 강하게 느꼈다. 시장경제가 본격적으로 등장하면서 사람들의 가치관에 커다란 혼란이 일어나게 되었기 때문이다. 그 이전의 사회에서는 권리나 의무 같은 것이 가치체계의 핵심을 구성하고 있었다. 그러나 시장경제의 등장과 더불어 물질적 성공도 중요한 일이라는 생각이 서서히 자리를 잡기 시작하였다. 그렇다고 해서 모든 것을 제치고 물질적 성공만을 추구할 용기도 없었기 때문에 이들은 깊은 고뇌에 빠질 수밖에 없었다. 그들은 아직도 영혼의 구원을 갈망하고 있었으며, 이것과 세속적 성공은 양립하기 힘들다는 생각에 어쩔 줄 몰라 했다. 남을 나처럼 사랑하라는 가르침을 받고 살아 온 이들에게 생존을 위해 경쟁에서 남을 이겨야 하는 냉혹한 현실은 고통이 아닐 수 없었다. 이와 같은 딜레마에 확실하게 마침표를 찍었다는 데, 경제사상가로서 Adam Smith가 갖는 위대함이 있다. 이준구·이창용(註 7), 23.

능할지도 모른다. 요컨대 시장인가 민주주의인가에 관해서는 인류가 양자 사이의 最適의 配合点을 찾지 못해 양극단을 왔다 갔다 하는 형국으로 보인다. 이런 최적점은 때와 장소에 따라, 환언하면 그 환경에 따라 달라질 수밖에 없고, 세상은 계속 변화해가므로 역사적 차원에서의 大理論(grand theory)은 한계를 드러낼 수밖에 없다고 하겠다.

그리고 역사적 증거는 그 자체로 결코 확신을 주지 못한다. 역사는 과거의 일이고, 우리는 예측할 수 없는 앞날을 걱정하기 때문이다. John K. Galbraith가 "不確實性의 時代"[48]에서 불확실성을 이야기한 지 20여 년 만에 Francis Fukuyama는 신자유주의가 확산일로에 있음을 목도하면서 이제 불확실성이 거치고 확실히 역사발전의 끝을 목격하게 되었다고 주장한다.[49] Fukuyama의 주장대로라면, 시장경제는 특정한 이데올로기를 구현하는 도구라기보다는 인류 이성이 발견해낸 최고·최후의 형태로서 어떠한 가치관을 취하더라도 선택할 수밖에 없는 제도로 받아들여져야 한다는 것인데, 현실은 어떠한가? Fukuyama의 대척점에 서있다고 볼 수 있는 Samuel Huntington의 "文明衝突論"[50]이 9.11테러사태로 다시 조명되고 있는 것

48) John K. Galbraith(박현채 · 전철환 역), 불확실성의 시대(범우사, 1999).

49) Francis Fukuyama(이상훈 역), *The End of History and the Last Man* (역사의 종언)(한마음사, 1992).

이다. 이런 까닭에 이 글의 테제를 주장하기 위해서는 이론적 뒷받침이 필요하게 된다.

이론적인 검증은 역사적 평가가 결핍하는 이러한 부분을 보충할 수 있다. 理論은 사물의 현상을 설명할 뿐만 아니라 논리적으로 정연한 명제의 체계를 세움으로써 사물의 현상을 예측할 수 있는 一般性을 획득하게 된다. 한 理論의 진정한 價値는, Milton Friedman이 지적했듯이, "현실을 얼마나 완벽하게 묘사하고 재현했느냐가 아니라 未來를 얼마나 잘 豫測하느냐"에 있는 것이다.

50) Samuel Huntington(이희재 역), *The Clash of Civilizations* (문명의 충돌)(김영사, 1996).

IV

민주주의 재평가: 이론적 관점

"Why a market 'correction'? Why can't the market get it right the first time?"

Drawn by Robert Mankoff

1. 가위 · 바위 · 보 理論

(1) 시장우위의 이분법을 극복하기 위해서 이론적으로 시도되어야 할 첫 번째 논의는 시장기제의 優秀性이 自明하다는 것에 대한 批判이다. 앞서 본 바와 같이 Arrow는 일정한 전제조건을 충족시킴과 동시에, 정치적으로 공익내용을 확정할 수 있는 바람직한 방법은 존재하지 않음을 수학적으로 입증하였다. 반면, 시장에서는 일정한 조건이 충족되면 자원배분의 효율성을 달성하는 균형이 이루어진다는 것이 역시 수학적으로 입증되었다.

이상을 좀 더 쉽게 풀이하면, 다음과 같이 이야기할 수 있을 것이다. 여기 사람들 여럿이 모인 조그마한 공동체가 하나 있다. 이들이 모여 살다보면 모여 사는 까닭에 葛藤이 생기고 함께 하여야 할 일이 생기기 때문에, 의견을 결집하여야 할 경우가 생긴다. 공동체의 구성원 중에서 인품이 훌륭하고 타인을 배려하는 덕성을 가진 사람 甲이 있는데, 구성원들은 甲에게 구성원의 의사를 취합해 구성원 모두를 행복하게 할 수 있는 해법을 강구하여 일을 처리해 줄 것을 부탁한다. 말하자면 대표자 甲에게 社會厚生函數로서 機能할 것을 맡기는 것이다. 구성원들은 甲의 인격을 의심하지 않지만, 그가 혹시라도 다른 생각을 먹고 자의적으로 결정할 것을 염려해, 공동체의 의견수렴을 할 때 Arrow가 말한 최소한의 조건 다섯 가지를 꼭 지켜줄 것을 요구한다. 甲은 그 조건이 일견 보기에 납득이 가는 것들이기 때문에 이를 수락한다. 甲은 구성원을 위하는 진정한 마음으로 가능하면 모든 사람의 구미에 맞을 수 있도록 의견수렴을 하려고 이렇게도 해보고, 저렇게도 해본다. 그 와중에 甲은 깨닫게 된다. 단순다수결, 다수결, 만장일치 기타 어떠한 방법을 동원하더라도 구성원들이 내세운 Arrow의 다섯 조건을 모두 충족하면서 구성원의 의견을 수렴할 수는 없다는 것을. 즉, 최소한의 합리성, 파레토기준, 무관한 선택 대상으로부터의 독립성, 보편성 등의 조건을 준수하기 위해서는 甲 스스로가 獨裁的으로 行動할 수밖에 없음을 깨닫게 된 것이다. 甲이 힘든 경험을 토로하자 구성원들은 결국 集合行爲에는 限界가 있다는 데 인식을 같이 하고, 집합행위 없이 오로지 구성원 각자가 각자에 대해 개별적으로 교환관계를 맺는 것 이외의 일체의 집합행위를 하지 않기로 한다. 中央体에 의한 意見收斂 없이 공동체를 꾸려나갈 수 있을까를 고민하던 중 경제학자 乙이 나타나 일정한 조건이 충족되면 중앙체 없이도 構成員 사이의 個別的인 交換만으로도 자원배분을 효율적으로 할 수 있고, 그 결과 物的 滿足을 極大化할 수 있음을 밝혀낸다.

(2) 시장주의가 민주주의보다 우월하다는 명제가 성립하기 위해서는 일정한 전제조건이 충족되어야 한다. 첫째, 시장이 경제적 효율성을 달성하기 위해서는, 完全競爭市場의 條件이 만족되어야 한다. 하지만 현실세계에서 이러한 완전경쟁시장의 조건이 충족될 확률은 영(0)에 수렴한다고 하여도 과언이 아니다. 둘째, 민주주의의 원리가 사회후생함수로서 제대로 기능을 발휘하기 위해서 충족해야 한다는 다섯 가지 前提條件을 固執할 것인가 여부에 관해서 합의하여야 한다. 이 중 어떤 것을 희생하는 데 동의할 수 있다면, 민주주의 원리는 사회후생함수로서 기능할 수 있다. 셋째, 민주주의의 원리와 시장의 원리를 비교할 때 양자의 우열을 판별하는 기준으로 일반적으로 사용되는 것은 經濟的 合理性이다. 따라서 우리가 福祉(welfare) 이외의 기준, 예컨대 칸트的 合理性,[51] 동양적 德(virtues),[52] 기타 自律(autonomy)[53]을 도입한다면 양자의 평가는 달라질 수 있다.

따라서 완전경쟁시장의 조건이 충족되지 않은 '實際의 市場'과, Arrow의 다섯 가지 조건 모두를 고집하지 않는 '實際의 政治' 중 어느 것이 우월한 것인가의 문제, 소위 「實際의

51) 이에 관해서는, Allen D. Rosen, *Kant's Theory of Justice* (1993).

52) 이에 관해서는, Alasdair MacIntyre, *After Virtue: A Study in Moral Theory* (2n ed., 1984).

53) 이에 관해서는, Cass R. Sunstein, *Free Markets and Social Justice* 13-31 (1997).

問題」는, Arrow의 불가능성 정리가 포섭하는 문제 상황 밖에 있고, 따라서 별개의 문제로 숙고해보아야 한다.

(3) 나는 특정한 목표(예컨대 效率性, 衡平性 등)를 달성하는 데 있어서 '실제의 시장'과 '실제의 민주주의' 중 어느 것이 우월한지를 '一般的 · 事前的으로' 판별할 수는 없다고 본다. 이는, **事前的 觀點**(ex ante)을 채택한다면 **「實際의 問題」**에 대한 一般理論이 정립될 수 없음을 의미한다. 다시 말해서 실제 상황에서는, 개인의 선호를 시장을 통해 결집하는 것이 투표함을 통해 결집하는 것보다 어떤 기준(가령 효율성, 형평성 등)에 더욱 부합한다고 일반적으로 결론지을 수 없다는 것이다.

이와 같은 주장의 입증은, 실제의 사례를 실증적으로 검토하여 가령 어떤 상황에서는 투표함을 통한 선호결집이 시장을 통한 선호결집보다 특정한 목표를 달성하는 데 우월하다는 사례를 보여줌으로써, 가능하게 될 것이다. 하지만 이와 같은 實證 硏究는 이 글의 범위를 넘는 것이므로 미래의 과제로 돌리고, 여기서는 이론적인 검토만을 하고자 한다. 즉, 민주주의 원리와 시장 원리가 각각 작용할 구체적 환경조건을 고려하지 않고(가령 Arrow의 조건이나 완전경쟁시장의 조건을 전제하지 않고) 오로지 각 원리의 作用方式만을 비교하면, 민주주의 원리가 특정한 목표를 달성할 수 있는 가능성과 시장 원리가 특정한 목표를 달성할 수 있는 가능성이 같아질 수 있음을 증명하고자 한다. 이는, 민주주의 원리와 시장 원리의 작용방식만을 놓고 따져 보면, 양 원리가 (어떤 한 사례에서뿐만 아니라) '理論的으로도' 같은 결과에 도달할 수 있음을 보이는 것이다.

이와 같은 결론을 증명하기 위해서 다음과 같은 단계를 거치기로 한다. 첫째, 먼저 시장 원리와 민주주의 원리의 作用方式의 要諦를 정리한다. 둘째, 그와 같은 요체로서의 작용방식을 체화한 게임의 規則을 상정한다. 셋째, 민주주의 원리를 체화한 게임의 규칙("民主規則")과 시장 원리를 체화한 게임의 규칙("市場規則")을 게임상황에 적용해 본다. 넷째, 각 게임의 규칙이 도출할 수 있는 게임의 結果를 살펴본다.

(가) 민주주의의 원리와 시장의 원리의 유사점과 차이점은 아래 표와 같다. 표가 예시하듯이, 민주주의의 원리가 작동하는 政治의 場에서는, 政治的 參政權의 초기배분이 平等한 까닭에 一人一票에 의하여 공동체의 의사를 결정하고, 투표결과가 나오면 패배한 쪽의 의사와 가치는 투표수에 비례해 반영되지 않는, 상호배타적인 대안 중의 하나만 채택되는, 全部 아니면 全無인 總體的 決定이다. 구성원 각자는 공동체의 결정에 全部 또는 全無의 영향(voice)을 끼칠 수 있을 뿐, 脫出口

(exit)가 없다. 그 결과, 다수의 의사가 소수(및 정치적 결정에 참여하지 아니한 사람)에게도 强要된다.[54] 반면, 시장의 원리가 작동하는 自由競爭市場에서는, 財貨 · 能力의 초기배분이 不平等한 까닭에 一錢一票에 의하여 공동체의 의사를 결정하고, 그 결정은 모든 참여자가 자신의 선호를 比例的으로 반영

[표 2] 민주주의의 원리와 시장의 원리의 비교

	民主主義 原理	市場 原理
類似点	① 참여자들 사이의 경쟁 ② 총편익의 수익자와 총비용의 부담자는 전체국민으로 일치	
差異点	① 다수결에 의한 획일=총체적 대표 ② 一人一票=평등한 초기재화분배 ③ 제한된 선택지=일도양단적 결정(Yes or No) ④ 수익자와 비용부담자 불일치	① 자발적 선택=비례대표 (proportional representation) ② 一錢一票=불평등재화배분 인정 ③ 개별적 선택가능 ④ 수익자와 비용부담자 일치

54) 정치의 장에서 이루어지는 정치적 교환의 결과는 경제적 교환과 달리 그 거래당사자뿐만 아니라 교환에 참여하지 않았던 그 공동체에 속하는 다른 사람들에게까지도 미친다. 이를 "정치적 외부효과"("political externality")라고 한다. 이에 관해서는 Todd J. Zywicki, "Environmental Externalities and Political Externalities: The Political Economy of Environmental Regulation and Reform", 73 *Tul L. Rev. 845* (1999).

시킬 수 있는 比例的 · 限界的 決定이다. 구성원 각자는 언제라도 교환관계에 참여할 수 있고(voice), 脫退(exit)할 수도 있다. 따라서 다수의 의사가 소수에게 강요되지 않는다.55)

(나) 어린이들이 하는 놀이 중에 가위 · 바위 · 보 게임이 있다. 게임에 참여한 사람들은 세 가지의 선택지, 즉 "가위, 바위, 보" 중 선택을 하여 상대방을 이기려 한다. 각자는 각자의 능력껏 참여하고 그로부터 생기는 결과에 대해 책임을 진다. 각자는 여타의 구성원들의 의사에 의해 자신의 성패가 좌우되지 않고 오로지 자신의 능력에 의해 자신의 운명을 결정한다. 그리하여 한번 게임할 때 한 사람이 이기고 나머지(n-1) 모두가 패자가 되기도 하고, n-1이 승자가 되고 오직 한 사람만이 패자가 되기도 하며, 승패가 나지 않을 때도 있다. 또한 가위 · 바위 · 보게임에서는 게임에 능한 사람도 있고 그렇지 못한 사람도 있기 때문에, 전자는 게임에서 승리할 가능성이 높은 반면, 후자는 게임에서 질 확률이 높다.

그런데 이와 같은 통상의 가위 · 바위 · 보 게임은 그 게임에 참여하는 사람이 많아지면 많아질수록, 승패가 갈리지 않을 확률이 높아진다. 선택지가 세 개이므로 많은 수가 참여하

---

55) 시장에서는 구성원 한 사람의 행위는 교환의 상대방에게만 미치고 나머지 사람들에게는 특정한 경우(외부효과가 있는 경우 등)를 제외하고는 거의 영향을 미치지 않는다. 시장과 정부의 유사점과 차이점에 관해서는 Gwartney & et al.(註 12), 119-121.

면 세 개 모두가 선택될 가능성이 그만큼 커지기 때문이다. 이런 상황에 처하게 되면 참여자들은 몇 번 시도를 해보다가 게임의 종류를 바꾸거나(예컨대 홀 · 짝으로), 게임의 규칙을 바꿀 생각을 하게 된다. 만약 참여자들이 가위 · 바위 · 보의 규칙, 즉 가위가 보를 이기고 보는 바위를 이기고 바위는 가위를 이기는, 가위>보>바위>가위의 규칙('正統 가위 · 바위 · 보 規則')을 바꾸어서, 가위, 바위, 보 중 가장 많은 사람들이 선택한 것이 이기는 것으로 새로운 규칙('變形 가위 · 바위 · 보 規則')을 만들었다고 가정하자. 여기서는 정통 규칙에서처럼 게임참여자가 의지할 규칙이 없다고 보아도 크게 틀리지 않다. 왜냐하면 승패가 가위>보>바위>가위의 규칙에 의해 정해지지 않고, 오로지 머릿수가 많은 쪽이 무조건 이기게 되기 때문이다. 변형 규칙에서는 보가 가위를 이길 수도 있고, 보가 가위한테 질 수도 있다.

따라서 참여자에게는 게임의 결과를 예측할 수 있는 가능성이 거의 절대적으로 제약된다. 또한 변형 가위 · 바위 · 보에서는 정통 가위· 바위 · 보와 달리 항상 게임을 할 때마다 거의 항상 승패가 분명히 갈린다(승패가 나지 않는 경우는, 3배수(즉, 3, 6, 9, …)의 참여자가 참여하여 이들이 세 가지의 선택지 각각을 같은 수만큼 선택하거나, 짝수의 참여자가 참여하여 이들이 세 가지 선택지 중 두 가지만을 선택하고 그

두 가지를 선택한 사람들이 정확히 반씩 갈리어 각기 다른 선택지를 선택하는 경우 등이다). 그리고 변형 가위· 바위 · 보에서는 정통 가위 · 바위 · 보에서와 달리 나의 승패가 나의 능력에 의해서 좌우되지 않고, 타인에 의해 좌우되고 강요된다. 변형 가위 · 바위 · 보에서는 게임의 승패는 능력에 의해서라기보다는 운에 의하여 좌우되기 때문이다.

(다) 이제 이상의 두 가지 규칙, 즉 정통규칙 및 변형규칙을 민주주의의 원리 및 시장의 원리와 비교해보자. 正統規則은 ① 능력에 따라 게임에 능한 자와 그렇지 못한 자가 갈리는 점에서, 재화의 초기배분의 불평등을 상정하고 있는 시장규칙과 유사하고, ② 게임에 참여하는 참여자 각자가 게임의 결과를 항상 좌우할 수 있다는 점[56]에서, 선호의 비례적 대표를 상정하고 있는 시장규칙과 유사하며, ③ 한 사람의 참여자라도 게임의 규칙에 의해 나머지 참여자 모두에게 승리할 수 있다는 점에서, 다수의 의사가 소수에게 강요되지 않는 시장규칙과 유사하다.

반면, 變形規則은 ① 그 승패가 참여자의 능력에 의해 좌우된다기보다 무작위적이고 임의적이라는 점에서, 참정권의

---

56) 누구든지 게임을 비기게 할 수 있음을 상기하라. 아무리 많은 사람이 가위와 보를 선택했다 하더라도 어느 한 사람이 바위를 선택하면 게임의 승패는 나지 않는다.

초기배분이 평등한 민주규칙과 유사하고, ② 게임에 참여하는 참여자 각자가 게임의 결과를 좌우할 수 있는 경우가 매우 희소하다는 점에서, 선호의 비례적 대표가 제한되는 민주규칙과 유사하며, ③ 아무리 능력이 있는 참여자라도 그가 소수에 속하는 한, 게임에서 승리할 수 없다는 점에서, 다수의 의사가 소수에게 강요되는 민주규칙과 유사하다.

(라) 이제 이상의 두 가지 규칙, 즉 정통규칙(=시장규칙) 및 변형규칙(=민주규칙)이 각각 만들어낼 수 있는 결과를 검토해본다. 이제 가위, 바위, 보의 선택지 중에서 가령 가위를 선택한 참여자가 승리할 확률을 수학적으로 계산해보면, 당해 게임이 이루어지는 환경조건을 고려하지 않고 오로지 작용방식만을 고려한다면, 그것은 정통규칙(=시장규칙) 하에서도 1/3이 되고, 변형규칙(=민주규칙) 하에서도 1/3이 된다. 결국, 세 가지 선택지 중 어느 하나가 선택될 확률은 양 규칙에서 공히 1/3이 되는 것이다.

이상의 결과를 시장규칙과 민주규칙의 맥락에 적용해보면 다음과 같은 결론에 도달하게 된다. 특정한 선호가 선택될 확률은, 선호결집이 일어나는 당해 사회의 구체적 조건을 고려하지 않고 오로지 작용방식에만 착목한다면, 양 규칙 하에서 같다. 그리하여 예컨대 구성원 甲의 선호가 선택될 확률은 양 규칙 하에서 같게 되고, 따라서 甲이 시장규칙에 의해 움직이는 사회에서 기대할 수 있는 기댓값은 甲이 민주규칙에 의해 돌아가는 사회에서 기대할 수 있는 기댓값과 같게 된다. 그렇다면 각 규칙 하에서 기대되는 사회 전체의 기댓값도 같게 된다.

[그림 3] 가위 · 바위 · 보 이론

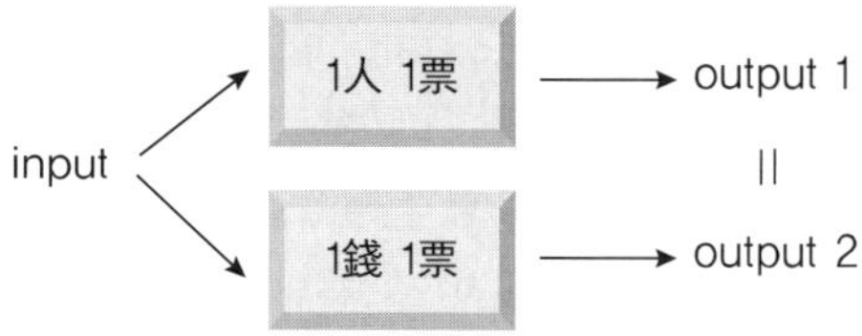

(4) 이상을 정리하면, 집단을 이루는 다수가 구성원들의 선호를 결집할 때, 그 집단의 구체적 조건을 고려하지 않은 채 선호결집방식에만 착목한다면, 민주주의의 원리에 의하든 시장의 원리에 의하든 그 결과는 같다는 것이다. 다시 말해서 현실세계에서 벌어지는 선호결집의 결과는 그 선호결집방식에 의해서뿐만 아니라 그 사회의 제반 조건에 의해 좌우된다는 것이다. 그러므로 현실 세계에서 선호결집방식으로 양 원리 중 어느 것을 취할 것인가는, 각 상황에서 추구되는 目標와 각 狀況이 어떤 원리를 수용하기에 적절한 조건을 갖추었느냐에 달려 있다고 하겠다.

(5) 가위 · 바위 · 보 이론을 논함에 있어 생략할 수 없는 통찰이 있다. 바로 事前的 判斷과 事後的 判斷의 區別이 그것이다. 민주주의의 원리와 시장의 원리 중 어느 원리를 택하느냐에 관해서는 여러 가지 기준 (또는 목표)이 제시될 수 있을 것이다. 그 중에서 가위 · 바위 · 보 理論이 주장하는 것은, 어느 원리를 택할 것이냐를 결정할 때, 무슨 기준을 채택하든지 관계없이, 그 기준에 부합하는지 여부를 事前的으로(ex ante) 판단하면 事後的으로(ex post) 판단할 때와 다른 결론에 도달할 수 있다는 것이다. 즉 기준에 부합하는지 여부를 판단할 때, 결정이 내려질 당시를 토대로 해서 — 다시 말해 決定이 내려질 當時의 情報를 토대로 해서 판단하면 사후에 밝혀진 정보에 기초해 판단할 때와 다른 결론에 도달할 수 있음을 의미한다.

인간이 범하기 쉬운 愚중의 하나는, 全知全能한 事實判斷者(omniscient factfinder)[57]를 전제로 판단을 한다는 것이다. 결정을 내릴 때, 실제 그 결정을 내리는 사람은 여러 가지로 制約되어 있다. 이와 같이 여러 가지로 제약된 상태에서는,

57) 이것은 비현실적 가정이다. 인간은 신과 같이 완전한 존재가 아니다. 따라서 인간이 사회의 제도나 규칙을 설계할 때 불완전한 인간들이 함께 모여 사는 현실세계의 규칙을 정하는 것임을 잊어서는 안 된다. 이러한 현실에 있어 사전적 판단의 의미를 설명한 문헌으로는 Christopher Schroeder, "Corrective Justice and Liability for Increasing Risks", 37 *UCLA L. Rev.* 439, 특히 451-460 (1990).

사전적 관점을 채택하여 어떤 판단이나 결정을 내리지 않으면 결코 미래를 예측하고 설계하고 제어할 수 없게 된다. 왜냐하면, 事後的으로(ex post) 모든 정보가 노출되고 상황이 확실히 판단되고 난 후 판단을 하는 것은, 결정을 내릴 당시를 기준으로 해서 볼 때 얻을 수 없던 정보에 기해서 사후적으로 판단을 내리는 것인데, 이와 같은 정보는 사전적인 측면에서 볼 때에는 그야말로 우연적인 사정에 지나지 않고, 이와 같은 우연적인 사정에 기하여 어떤 결정의 가치가 결정된다면 앞으로 결정을 내릴 사람들에게 주는 메시지는 그저 운 좋은 사람이 잘 된다는 지극히 結果論的 結論 이외에는 없게 되기 때문이다.

이와 같이 사전적으로 판단하는 것은 또한 우리가 가지고 있는 道德的 正義觀念에도 부합할 수 있다고 본다.[58] Christopher Schroeder가 적확히 지적하였듯이[59] 예컨대, 과실

58) 이에 대해서는 특히 법적인 관점에서 반론이 있을 수 있다. 법적 판단을 함에 있어 결과에 대한 고려를 하지 않는다는 것을 상정하기는 쉽지 않기 때문이다. Martin Kriele가 적확히 밝혔듯이, "법규범을 근거[짓는]다고 하는 것에는 언제나 그 법규범이 가져오는 결과에 대하여 숙고한다는 것이 속한다. 그러한 점에서 또한 법철학의 윤리는 언제나 적어도 '책임 윤리'이"기 때문이다. Martin Kriele(홍성방 역), 법과 실천이성 41(한림대학교 출판부, 1992).

59) 만약 피고가 상황 판단을 할 때 또는 자신의 행위의 결과를 예측할 때 피고의 과실로 돌릴 수 없는 실수를 하였는데 마침 그 실수로 인하여 원고가 피해를 입었을 때, 어떤 의미에서는 피고는 잘못된

유무의 판단을 사후적으로 모든 사정이 다 밝혀지고 난 후 이 사실관계에 기하여 내리게 된다면, 행위 당시에 이와 같은 정보를 얻을 수 없었던 사람에게는 자신이 챙길 수 있는 정보 이외의 것을 요구하는 것이 되어 이를 비난하는 것은 너무 가혹한 것이 되고, 이와 같은 판단이 일반화되면 사람들에게 정보를 챙겨보도록 하는 효과가 있다기보다는 오히려 결과를 우연의 사정에 맡기고 정보를 챙기는 비용을 절약하려는 경향을 만들 수도 있다고 본다.

이상을 염두에 두고 돌이켜 이 글의 논제에 적용해보자. 시장주의와 민주주의를 선택할 때, 제 조건을 살펴봐서 둘 중 어느 원리를 선택할지를 결정하여야 한다. 그런데 제 조건에 대한 판단은 事前的인 것과 事後的인 것이 다를 수 있다. 만약 제 조건에 대한 사전적 판단이 사후적으로 잘못된 것으로 드러나도, 결정 당시를 기준으로 보면 타당한 것이 될 수 있다. 사후적으로 나타난 여러 조건을 전제로 옳고 그름을 결정하기

선택을 한 것이 된다. 그러나 우리가 마땅히 피고에게 기대할 수 있는 기대치의 관점에서 보면, 피고는 결정 당시 합리적으로 볼 때 얻을 수 있는 정보에 기하여 행동함으로써 올바른 결정을 하였다고 볼 수도 있는 것이다. 이를 뒤집어 생각해 보면, 피고가 비합리적으로 행동했는데 어찌 어찌 하여 피해를 유발하지 아니한 경우, 피고는 올바른 결정을 하였다고 생각할 수도 있다. 하지만, 우리가 같은 상황에 처한 다른 행위자에게 기대할 수 있는 것을 기준으로 보면 피고는 잘못된 결정을 한 것이 된다. Schroeder(註 57), 451-460.

보다는, H.L.A. Hart가 설파한대로, 事前的으로 나타난 情報를 基準으로 規範判斷, 當爲判斷하는 것이 종국에는 더 나은 사회를 만들 수 있기 때문이다.60)

가위 · 바위 · 보 이론이 주는 교훈도 마찬가지이다. 만약 전제가 되는 제 조건이 불확실할 때, 어떤 기제를 선택하는 것이 올바른 결정인가? 바로 이 문제에 대한 대답을 가위 · 바위 · 보 이론이 하는 것이다. 불확실한 조건을 捨象하고 오로지 작용방식에만 착목한다면, 민주주의 원리와 시장 원리가 각각 만들어낼 수 있는 결과는 같다. 따라서 시장이 정치보다

60) H.L.A. Hart는, 사전적 평가는 수범자가 미래를 예상하고 제어할 수 있는 능력을 극대화하는 데 도움이 된다고 주장한 바 있다. H.L.A. Hart, "Legal Responsibility and Excuses", in *Punishment and Responsibility* 46 (1968). Schroeder(註 57) 460에서 재인용. 후생정도의 판단에 있어서도 마찬가지이다. 후생정도도 역시 사전적 · 사후적 판단을 구별할 수밖에 없다. 후생이 結果的 合理性을 추구하는 것이 아니라 (질적으로 평가된 합리성 내지는) 향후적 · 장래적 제도설계의 기준으로 작용할 것을 지향한다면, 역시 후생판단자가 事前的으로 후생을 判斷할 수 있도록 基準을 定立하여야 할 것이다. 사회의 운영자가 운영에 관한 판단을 내릴 때 이용할 수 없었던 정보에 기초해서, 운영에 관한 잘못된 판단을 하였다는 책임을 지우는 것은 적절치 않기 때문이다. 결국 부족한 정보를 보충하려는 움직임은 일종의 선택인데 이 선택에는 가치판단이 녹아 있고, 결국 부족한 정보만큼 가치판단이 개입된다고 볼 수 있을 것이다. 이러한 판단자 개인의 가치판단을 억제하기 위해서는 판단자가 그러한 가치판단을 할 필요성을 제거하는 것이 가장 현명한 방책일 것이다.

우월하다는 일반론을 주장하기보다는 주어진 조건을 면밀히 살펴 그에 맞는 선호결집방식을 선택하여야 할 것이다.

2. Cass Sunstein의 審議民主主義와 Jürgen Habermas의 生活世界

(1) 앞에서 살핀 바와 같이 Arrow는, 어떠한 集合的 決定過程(collective decision process)을 거치더라도 다섯 가지의 전제조건 — 최소한의 합리성, 파레토기준, 비독재성, 무관한 선택대상으로부터의 독립성, 보편성 모두를 충족시킬 수 없다는 불가능성 정리를 증명하였다. 다른 한편, 가위 · 바위 · 보 이론에서는 그와 같은 조건 모두를 고집하지 않는다면, 민주주의 원리도 (적어도 이론적으로는) 시장의 원리와 마찬가지로 일정한 목표를 달성할 수 있음을 살펴보았다.

실제로 Arrow의 연구가 발표된 이후, 그 절망적 결론의 참담함 앞에서 많은 이들이 이 정리에서 빠져나갈 수 있는 방안을 연구하였지만, 결론은 언제나 Arrow의 정리가 참이라는 확인이었다. 그리하여 Arrow의 정리로부터 벗어날 수 있는 방법으로 다섯 가지 조건 중 하나 또는 그 이상을 완화하는 방법을 생각하게 된다. Arrow가 제시한 다섯 가지의 조건이 너무 과도한 것일 수 있다는 판단에 근거한 이런 시도는, 지난 수십여 년 동안 社會選擇 理論家들(social choice theorists)을 사로잡았지만, 그 결과는 대체로 그리 희망적이지 않았다고 한다.[61)]

그런데 Arrow가 제시한 다섯 가지의 조건 중에서 어느 것을 포기할 것인가의 문제에 봉착하면, 사람마다 나름의 기준에 따라 포기할 것을 결정하겠지만, 비독재성의 포기를 선택하는 사람은 극소수에 지나지 않을 것이다.[62)] 독재는 그 자체로 민주주의를 부정하는 것이기 때문이다.

나는 여기서 발상의 전환을 촉구한다는 측면에서 非獨裁

---

61) 자세한 것은, A. Sen, "Social Choice Theory", *Handbook of Mathematical Economics* (K. Arrow and M. Intriligator eds., 1983). Robert P. Inman, "Markets, Governments, and the "New" Political Economy", *Handbook of Public Economics* 647, 685 (Alan Auerbach & martin Feldstein eds., 1987)에서 재인용.

62) 그 완화가 논의되는 대표적 조건은「무관한 선택 대상으로부터의 獨立性」이다. 이것은 예컨대, 사과와 배의 사회적 선호결정은 개개인의 사과와 배에 대한 서수적 선호(ordering)에만 근거하여야지 선호의 강도(intensity of preference)에 영향을 받아서는 안 된다는 것도 의미한다. 그런데 개인적인 선호에 대한 보다 많은 정보가 주어져 선호의 강도 등이 고려된다면 사회적 선호결정은 불가능성의 정리로부터 벗어날 수 있다는 논의가 이루어지고 있다. 예컨대 최종원, "합리성과 정책연구", **한국정책학회보** 제4권 제2호, 131, 141-142(1995).

性 條件의 緩和를 검토해보고자 한다. 물론 哲學王(philosopher king)의 존재가능성에 터잡은 神秘主義를 이야기하는 것은 아니다. 비독재성의 포기를 생각하게 된 이유는, Arrow의 정리 자체가 우리가 독재자를 용인할 수 있다면 나머지 네 가지의 조건을 충족하면서도 동시에 합리적으로 개인들의 선호를 결집할 수 있음을 증명한 바 있고, 또한 歷史속에서 國利民福을 위해 애쓴 支配者를 적지 않게 발견할 수 있기 때문이다.

하지만 비독재성 조건의 완화를 성공적으로 주장하기 위해서는 극복해야 할 難點이 있다. 자비로운 지배자가 되기 위해서는 먼저 백성들이 원하는 것이 무엇인지를 제대로 파악해야 하는데, 나머지 네 조건 중 어느 것도, 백성들이 지배자에게 자신들의 선호를 진실하게 드러낼 것을 보장해 주지는 않는다는 것이다. 잘못 파악된 선호에 기초한 最適 配分(국민을 위한 배분!)은 독재자만을 위한 헛된 성취일 뿐이다. 아무리 자비로운 지배자라도 구성원들로부터 眞正한 情報를 獲得해 내는 것은 쉽지 않다.

나는 이 딜레마를 극복하기 위한 현실적인 대안을 생각해보고자 한다. 그것은, 먼저 公論의 場을 마련하여 그 속에서 백성들이 討論하고 熟考할 수 있도록 함으로써 公的 理性(public reason)을 만들고, 獨裁者의 자리에 慈悲 대신 이 理性을 앉히자는 것이다.

Arrow가 불가능하다고 증명한 것은, 다섯 가지의 조건을 충족함과 동시에 개인의 선호를 投票過程을 통해 사회적 선호로 결집할 수 없다는 것이었다. 그런데 민주주의를 투표과정으로 보지 않고 熟考審議의 過程으로 볼 수 있다면, 전혀 다른 결론에 도달할 수도 있다. 민주주의를 투표행위로 각자의 선호를 밝힌 후 머릿수의 다소에 의해 소수가 다수의 선호를 따르는 과정으로 보지 않고, 함께 토론하고 고민하면서 公共善(public virtue/ common good)을 발견하고 창조해가는 숙고심의의 과정으로 볼 수 있다면, 민주주의는 새롭게 자리매김될 수 있다고 보는 것이다.[63)]

Arrow가 불가능하다는 것을 증명하려고 한 대상은, 외생적으로 주어진 개인들의 선호체계를 통합시켜 집단의 선호체계를 발견하는 것이었다. Arrow의 집단선호란 個人選好의 結集(aggregation)이며, 따라서 한 사회의 정치체제의 관심은 어

---

63) Arrow의 이론에서는 집단선호의 기초인 각 개인의 선호는 개인의 행동에 정확하게 반영되고 있음을 가정하고 있지만, 현실적인 선택상황에서 사람들은 자신의 진정한 선호를 숨기는 것이 이득이 되는 경우도 있다. 따라서 개개인의 선호의 통합에 근거하여 사회적 선호를 구성하는 이론자체가 의미를 잃게 된다. 왜냐하면 개인의 선호는 개인의 선택행동에 의하여 발견될 수 있는데, 개인의 선호가 행동에 정확히 반영될 수 없다면 개인들의 선호체계의 통합이 무의미해지기 때문이다. 숙고심의의 과정은 이와 같이 개개인의 전략적인 행동에 대한 방책으로서도 의미가 있는 것이다. 최종원(註 62), 142.

떻게 그러한 개인선호의 집합기제를 만들고 이를 유지시킬 것인가로 모아진다. 여기서는 집단선호의 內容的 合理性은 문제가 되지 않는다.[64] 그러나 민주주의를 숙고심의의 과정이라고 본다는 것은, 집단선호의 내용적 합리성을 문제삼는 것이며, 정치체제의 역할은 단순히 주어진 개인선호의 집합이 아니라 어떻게 그들의 選好를 바람직한 방향으로 變化시킬 것인가에 보다 큰 비중이 주어진다고 하겠다.[65]

물론 단순한 투표과정을 따랐다면 자신의 선호가 보다 잘 반영될 수 있었던 사람들은 토론과정을 거쳐 나온 대안을, 민주주의를 가장한 독재적 발상이라고 폄하할 수 있을 것이다.[66] Arrow는 비독재성을 어떤 특정인의 선호가 사회적 선호로 대체되어서는 안 되며 사회선호에는 개별적인 個人의 選好가 無差別的으로 反映되어야 하는 것으로 정의하였기 때문이다. 하지만 나는 이러한 토의과정을 거쳐 **高揚된 理性의 獨**

---

64) Id. 143.

65) 이런 주장을 뒷받침하는 논의로는 Cass Sunstein, "Preferences and Politics", 20 *Phil. & Pub. Aff.* 3 (1991); Cass Sunstein, "Social Norms and Social Roles", 96 *Colum. L. Rev.* 903 (1996) 참조.

66) 특히 집단선호의 내용적 합리성이 토론을 통해 제고된다는 논의에 대한 반론 — 대표적으로, 집단의 공동선을 추구하기 위한 토론에의 참여를 강제하는 것 그 자체가 개인의 自律性을 侵害할 가능성을 높이고 자칫 干涉主義(paternalism)를 불러온다는 반론을 상기하라. 이에 관한 대표적 문헌으로는 J. Elster, *Sour Grapes* (1983) 참조.

裁性이라면 — 일정한 조건, 예컨대 토의과정에 참여한 대표자들이 합당한 專門性과 道德性을 갖춘다는 전제하에서[67] — 이것을 받아들일 수 있다고 보는 것이다.

실제로 투표과정은 수많은 분석과 비판의 대상이었다. 낙관적 다원주의자에 대한 비판에서 볼 수 있듯이, 단순한 투표과정은 특수이익집단들 간의 경쟁 · 타협 · 거래의 결과이지 결코 공익을 대표한다고 볼 수 없는 점이 있다. 그리하여 Cass Sunstein과 같이 共和主義(republicanism) 입장을 취하는 사람들은,[68] 公益이란 공동체 전체에 무엇이 공동선이 될 수 있는 기를 공동체 구성원들이 토론과 심의를 통해 찾아내는 것이고, 결코 私益의 總合이거나 단순한 사익간의 타협과 조화가 아니라고 주장할 수 있게 된다. 공익이란 구성원들이 자신의 이해관계를 내세우지 않고, 오히려 자신의 이익을 희생하면서

67) 이러한 조건이 충족된 상황으로 John Rawls의 "무지의 베일(veil of ignorance)"이나 Habermas의 "이상적 대화상황"을 상정할 수 있을 것이다. 이에 관해서는 John Rawls, *A Theory of Justice* 11, 17, 118-23 (revised ed., 1999); Jürgen Habermas, "Wahrheitstheorien", in Jürgen Habermas, *Vorstudien und Ergänzung zur Theorie der kommunikativen Handels,* 255 이하 (Frankfurt/M, 1984); Jürgen Habermas(translated by William Rehg), Between Facts and Norms: Contributions to a Discourse Theory of Law and Democracy 22, 322-23, 361 (1996) 참조.

68) 대표적인 문헌으로 Cass R. Sunstein, "Interest Groups in American Public Law", 38 *Stan. L. Rev.* 29 (1985).

까지 모두가 함께 무엇이 공동체 전체의 이익이 되는가를 심사숙고하고 연구토론한 결과가 되어야 한다. 이런 관점에서 보면 政治란 개개집단의 사익을 넘어서 공익을 발견해 가도록 구성원들의 討論과 思索을 組織化하고 促進하는 데 그 의의가 있다고 하겠다.

Arrow가 우려한 독재성이 투표과정에서 나온 결과를 무시하고 독재자 개인의 취향에 따라 결정하는 것이었다면, 이러한 독재성은 바로 이러한 審議民主主義(deliberative democracy)에 의해서 극복될 수 있을지도 모른다. 심의민주주의에서 말하는 熟考審議(deliberation)를 거쳐 나온 공익이라는 것이 투표행위를 통해 나온 결과와 다른 무엇이라면, 그것은 다원주의의 입장에서 보면 국민의 뜻이라기보다는 숙고심의를 주도한 少數의 뜻이고, 그럼에도 불구하고 이것이 추구되어야 한다면 그것은 독재 그 이상도 이하도 아닐 것이다. 하지만 代議民主主義 하에서 선출된 代表가 특정이익이나 특정집단의 대표가 아닌 國民 全體의 代表라면, 그리고 그들이 특정집단이나 지역의 이익을 위해 뛰는 사람들이 아니고 국가 전체의 이익을 위해 일하는 사람으로 자리매김된다면, 그들의 의지가 반영된 노력을 독재라고 치부해버릴 수만은 없다고 하겠다. 환언하면 대의민주주의 아래에서 대표자들이 숙고심의의 결과를 공익이라고 판단하고 이를 추진하는 것이 독재라면 이를 받아들일 수 있다는 것이다. 바로 이러한 대의민주주의의 가능성을 인정할 수 있다면, Arrow의 조건 중 독재성을 포기하는 것은 민주주의에 반한다기보다는 오히려 민주주의의 진정한 모습을 발견하는 것도 될 수 있을 것이다.

물론 혹자는 심의민주주의라는 것은, 思考能力 한 단위당 한 표씩(말하자면 一思一票 방식)을 행사하게 함으로써, 한 사람에게 한 표를 행사할 수 있게 하는 민주주의의 원리에서 벗어난다는 비판을 가할 수 있을 것이다. 그러나 오늘날 민주주의에서 대의민주주의가 정착되고, 羈束委任禁止의 법리가 현실화되고 있는 점[69]을 고려하면, 심의민주주의도 민주주의의 한 형태로 받아들일 수 있을 것이다.

(2) Jürgen Habermas는 또 다른 관점에서 나의 테제를 지원한다. 시장이 정부의 기획·조정보다 자원배분을 효율적으로 할 수 있다는 것은 그 만큼 풍요로워질 수 있다는 것이다. 그러므로 시장주의에 대한 관계에서 민주주의의 가치를 지지하기 위해서는 현대의 풍요로운 삶을 — 그럼에도 불구하고 비판할 수 있어야 한다. Habermas는, 시장에는 상품이 넘쳐나고 있지만 여전히 소외되고 있는 인간의 생존을 (많은 부분) 책임져주는 福祉國家에 대해 批判하고 나선 수많은 사람

69) 성낙인, 憲法學 576-77(법문사, 2004).

들 중에서, 아마도 우리나라에서 가장 각광받는 학자일 것이다.

서유럽의 복지는 市場을 통한 富의 擴大再生産과 手段的 合理性으로 무장한 官僚의 政策能力에 기초를 두고 있다. 배부르고 등 따스우면 더 바랄 게 뭐 있는가라는 입장에서 보면 서구의 복지사회는 문제될 것이 전혀 없지만, Habermas는 인간이 누려야 할 「좋은 삶」의 이념에 근거해 서유럽 복지사회의 「풍요로운 삶」을 분석적으로 비판한다.[70] 현대의 實證主義的 社會科學은 자연과학의 합리적 방법을 인간 사회에 적용함으로써, 그 구성원에게 부유한 삶을 선사할 여러 가지 정책수단을 개발하여 적어도 서구에서는 자연과학에 버금가는 성과를 올렸다. 문제는, 이런 성공 안에서 인간이 근본적으로 행정과 경영의 政策的 對象에 머물게 된다는 점이다. 이러한 조건 안에서 각 인간이 누리고자 하는 좋은 삶은 행정과 경영이 전략적으로 의도하는 범위를 크게 벗어날 수 없다. 이 범위를 벗어나는 삶의 양식은 그것이 아무리 정당하더라도 벗어나려는 그 순간부터 社會的 安定을 보장받지 못한다. 이렇게 되면 부유하다는 것은 더 이상 좋은 삶을 조장하는 조건일 수 없고 오히려 이를 저해하는 조건이 된다. 따라서 복지사회에서 인간은 인간으로서 가능한 삶의 실현을 방해하는 새로운

70) Habermas에 관한 입문서로는 이상돈 · 홍성수, **법사회학** 105 이하(박영사, 2000).

차원의 抑壓條件에 맞부딪친다. 이 조건 안에서 인간은 가난하지는 않지만 成熟할 수 없다. 후에 Habermas가 이야기한 대로 "體系에 의해 生活世界가 植民地化되는 것"이다.

Habermas가 이와 같이 볼 수 있었던 것은, Habermas가 근본적으로 Kant의 義務論을 잇고 있기 때문이다. 기실, Habermas는 "Kant 독해에서 公論性 논의를 발견하면서 아무도 손을 대지 않은 금광맥을 찾아낸 탐사꾼처럼 기뻐했"던 것인지도 모른다.[71] Habermas에게는, 좋은 삶은 누구도 부정할 수 없는 올바른 행위를 보장하지 않으면 안 되는 것이었다. 그리고 인간의 행위는 행위자 혼자 아무렇게 하는 것이 아니라, 그 행위를 직접 함께 하거나 아니면 그와 어떤 방식으로든

---

71) 송호근, "'공론영역'의 사회이론적 의미와 역사학적 적용", **역사에서의 공공성과 국가**(역사학회가 2001년 5월 25일 개최한 제44회 전국역사학대회 자료집) 82, 83-84(2001). 송호근은 Kant와 공공성을 다음과 같이 연계한다. "칸트는 '계몽이란 무엇인가에 대한 답변'에서 이성의 사적 사용과 공적 사용을 구분하고, 객관적으로 명증한 논증절차를 통하여 자신의 의견을 공중(the public) 앞에 서로 개진하는 행위는 공론 형성을 위해 대단히 중요함을 강조한다. 이를 Kant의 '公論' 혹은 '公知性의 원리'('publicity as a principle')라고 한다면, 그것은 도덕과 정치를 매개하는 연결고리이다. Habermas는 Kant의 다음과 같은 서술을 강조한다: "이성의 공적 사용은 항상 자유로워야 한다. 그 자체가 계몽이다."" Id. 84 (J. Habermas, *The Structural Transformation of the Public Sphere* 106 (Cambridge: The MIT Press, 1991)을 인용).

관련되는 다른 인간이 따르게 마련이다. 따라서 어떤 행위가 올바르게 되려면 적어도 우선 그 행위의 뜻, 즉 행위자의 의사가 다른 인간, 나아가 지구상에 사는 모든 인간에게 통해야 한다. 이런 것이 가능한 근거는 인간이 말을 통해 이런 뜻을 전달하거나 거부하면서 행위할 능력을 가지고 있다는 사실이다. 어느 면에서 아주 단순하기 짝이 없는 이런 통찰이 Habermas의 그 복잡한 意思疏通行爲論의 출발점이었다.

이와 같은 Habermas의 주장을 이 글의 테제를 지지하는 직접적인 근거로 원용할 수는 없을지도 모른다. Habermas는 體系에 대항해서 談論을 통한 生活世界의 復元을 역설하였지만, 나는 또 다른 체계인 政治體系를 가지고 자본주의 經濟體系의 不足한 점을 補充하려고 하기 때문이다. 하지만 정치체계에서 公共性이 한껏 개화한다면 생활세계의 해방에 도달할 수 있다는 것과, 바로 이런 공공성이 충만한 정치과정을 Sunstein이 주장하는 심의민주주의와 동일시할 수 있다는 것을 받아들인다면, 이 글의 논지와 Habermas를 관련짓는 작업은 의미 있는 일이 될 것이다. 따지고 보면 Habermas의 공공성은, 공개적이고 합리적인 공동토론을 통해 이기적인 개인선호를 순화시켜 구성원들로 하여금 사회의 공동선을 지향하도록 하는 것, 그 이상도 이하도 아니기 때문이다.

3. 計量精神學 패러다임(psychometric paradigm)

(1) 민주주의의 원리의 우수성을 증명하는 또 하나의 근거는, 근자에 들어 각광을 받고 있는 認知心理學者 Paul Slovic의 연구이다.[72] Slovic의 연구는, 과학적 분석으로 대상을 실증적으로 파악하고 이에 기해 대책을 처방할 수 있다는 客觀主義 基調에 가히 혁명적인 영향을 끼치고, 主觀主義가 받아들여질 수 있는 단초를 제공한 바 있다. Slovic은 인간의 인식작용에 있어서 "感性"("affect")의 역할을 강조한 것이라고 요약할 수 있다. 딱히 특별한 내용이 없는 Slovic의 주장이 그토록 많이 인용되는 것은, Slovic이 계량, 분석, 객관이 휩쓸고 있는 작금의 치우침을 배경으로 하여, 잊혀졌던 것을 상기시키고 거기에 規範的 意味를 부여하였기 때문이다.

인간의 사고는 두 가지 과정을 거쳐 형성되는데, 그 하나는 심사숙고하고 분석하는 理性的 作用이고, 그 둘은 主觀的이고, 感情的이며, 經驗的 作用이다. 후자는 자극에 대해 직관적이고, 감성적인 반응인 반면, 전자는 의식적인 숙고에 기해

72) Paul Slovic, "Perception of Risk", 236 *Science* 280 (1987); Paul Slovic, "Perception of Risk: Reflections on the Psychometric Paradigm", *Social Theories of Risk* 117 (Sheldon Krimsky & Dominic Golding eds., 1992).

문제를 해결하고 정보를 분석하는 과정이다.[73] Slovic은 "사람들은 행위나 기술에 대해 판단함에 있어 그들이 그것에 대해 생각하는 것에 의지할 뿐만 아니라 그것에 대해 느끼는 것에도 기초한다"[74]는 평범한 상식을 재확인하면서, 감성적인 것이 분석적 사고능력의 결여를 뜻하는 것이 아니며, 오히려 감성적인 것에는 인간이 내면에 가지고 있는 價値가 배어있어 이를 비이성적인 것으로 치부할 수 없다고 주장하였다. Slovic의 주장은 결국 사회의 문제를 해결하기 위한 政策手段을 講究함에 있어 계량적이고 객관적인 분석만이 능사가 아니라는 것, 그리하여 인간의 감성적인 면을 수용하는 것이 중요하다는 것으로 요약할 수 있겠다. 이러한 주장은, 민주주의가 무지몽매한 백성들의 바보놀이가 아니라 과학적 · 경제학적 분석이 도저히 담을 수 없는 人間의 價値를 包容할 수 있는 훌륭한 機制라는 점을 뒷받침한다고 할 수 있을 것이다.

(2) Slovic이 주장한 새로운 패러다임을 보다 깊이 이해하기 위해서는 약간의 배경설명이 필요하다. 앞서 본 바와 같

73) Antonio R. Damasio, *Descartes' Error: Emotion, Reason, and the Human Brain* (1994). Douglas A. Kysar, "The Expectations of Consumers", 103 *Colum. L. Rev.* 1700, 1739 (2003)에서 재인용.

74) Paul Slovic et al., "The Affect Heuristic" in *Heuristics and Biases: The Psychology of Intuitive Judgment* 410-11 (Thomas Gilovich et al. eds., 2002). Kysar(註 73), 1740에서 재인용.

이 美國은 1980년대에 들어서면서 급격히 규제개혁의 격랑에 휩쓸리게 되는데, 이에 따라 規制改革의 必要性을 뒷받침하는 각종 연구가 발표된다.

政府部門의 肥大化는 그 자체가 비효율성의 원인이 될 뿐 아니라, 이로 인한 재정적자도 심각한 문제를 일으킨다. 이런 분위기 때문에 예산규모를 늘리기가 쉽지 않음을 눈치 챈 정부는 다른 방법으로 활동반경을 넓히려 노력한다. 규제의 확대가 그것인데, 규제는 정부가 예산을 지출하지 않고 정책목표를 달성할 수 있는 방편이 될 수 있기 때문이다. 예컨대 최저임금제는 정부가 직접 저소득 근로자에게 소득보조를 해 주는 것과 비슷한 효과를 낼 수 있다. 이처럼 규제는 눈에 잘 띄지 않는 豫算支出의 성격을 갖고 있을 뿐만 아니라 공공정책의 수행에 드는 費用을 個人과 企業에게 轉嫁시키는 결과를 가져오게 된다. 미국의 경우, 연방정부가 시행한 규제로 말미암아 민간부문이 져야 했던 비용이 1995년 한 해에만 6,680억 달러에 이르는 규모였다고 한다. 그 해의 연방정부 예산이 1조 5,000억 달러였던 것과 비교해보면, 규제로 인한 비용부담의 규모가 엄청난 규모임을 알 수 있다. 이 수치를 한 가구당의 비용으로 환산하면 무려 7,000달러나 되어, 한 가구당의 평균 소득세 납부액 6,000달러보다도 더 높은 것으로 드러난다.[75]

미연방대법관인 Stephen Breyer도 1993년도에 출판한 저서 "Breaking the Vicious Circle: Toward Effective Risk Regulation"에서 환경리스크에 관련된 각종 규제행정법규의 경직성이 초래하는 국가적 손실과 그로 인한 미국 국민들의 공통된 불만을 과학적 분석자료로 뒷받침하고 이를 토대로 規制行政法規의 改革을 주장하였다. Breyer의 주장을 요약하면, 환경보호의 가치를 누구도 부정할 수 없지만 환경리스크와 이에 대한 법적 대응책, 즉 규제행정법규 사이에 큰 간극이 있어, 법을 준수하려고 하면 常識에 반할 정도로 큰 비용을 치르게 되고 결국 이것이 미국을 병들게 한다는 것이다. 예컨대, 미국은 毒性物質規制法(Toxic Substance Control Act)에 기해 石綿의 사용을 점진적으로 금지하고 있는데, 석면이 가져오는 리스크를 定量的으로 評價하고 이에 근거해 석면규제가 가져오는 비용을 계산해 보았더니, [표 3]에서 볼 수 있듯이, 석면이 가져오는 리스크는 이쑤시개를 삼켜서 사망할 리스크와 같고 그 비용은 한 사람을 구하는 데 무려 2억 5천만 달러가 든다는 것이었다.[76] 이러한 Breyer의 분석은 그 후 사회과학을 전공하는 수많은 학자로 하여금 규제를 실증적으로 분석하게 하는 동기로 작용했는데, 예컨대 Kip Viscusi는 미국

---

75) 이준구 · 이창용(註 7), 420.

76) 다른 예에 관해서는 Stephen Breyer, *Breaking the Vicious Circle: Toward Effective Risk Regulation* 1-29 (1993).

Superfund법의 시행에 따른 비용은 한 사람을 구하는 데 40억 달러가 든다는 분석 결과를 내놓았다.77)

Breyer는 이러한 터무니없는 규제가 大衆의 門外漢的 認識이 규제과정에 미치는 악영향, 즉 대중 → 의회 → 규제과정으로 이어지는 "惡循環"("Vicious Circle")에 의해 탄생했다고 생각하고, 이러한 악순환을 끊기 위해서는 규제 결정을 하기 전에 규제에 따르는 費用과 便益을 계량해서 이를 較量함으로써 불필요한 규제비용의 발생을 막아야 한다는 주장을 하였

[표 3] Estimates of risk from asbestos exposure inschools in comparison to other risks in U.S. society.

Cause	Annual rate (deaths per million)
Asbestos exposure in schools	0.005-0.093
Whooping cough vaccination (1970-1980)	1-6
Aircraft accidents (1979)	6
High school football (1970-1980)	10
Drowning (ages 5-14)	27
Motor vehicle accident, pedestrian (ages 5-14)	32
Home accidents (ages 1-14)	60
Long-term smoking	1200

출전: Mossman, et al., "Asbestos: Scientific Developments and Implications for Public Policy", 247 Science 294, 299 (1990) ⓒ AAAS. Stephen Breyer, Breaking the Vicious Circle 13 (1993)에서 재인용.

77) Kip Viscusi, "Regulating the Regulators", 63 *U. Chi. L. Rev.* 1423, 1436 (1996).

다. 말하자면 대중의 無識이 대중민주정치에 의해 증폭되어 비효율적 행정으로 귀착되었으므로 이를 극복하기 위해 엘리트관료의 분석이 필요하다는 것이다. 이러한 Breyer의 주장이 규제개혁에 가속페달로 기능했음은 물론이다.78)

(3) 이와 같은 상황에서 Slovic은, 객관주의자들이 무지의 소치라고 한 대중의 인식을 옹호하고 나섰다. 즉, 일반대중의 리스크에 대한 인식은 전문가가 가지고 있는 정보에 근거하지 못해서가 아니라 전문가들이 보지 못하는 多元的인 價値觀을 반영하는 것이라고 주장한 것이다. 일반 대중은 리스크의 **定性的 性質**, 즉 리스크의 恐怖性, 生疎함(unfamiliarity), 不確實性, 非自然性(unnaturalness), 非衡平性(inequity) 등에 가치를 두는 것이고, 바로 이런 요소가 대중이 양적으로는 작지만 질적으로는 우려가 증폭되는 리스크(예컨대 원자력발전소나 독성물질에 의한 암)에 많은 비용이 드는 대책을 요구하고, 다른 한편 양적으로 크지만 질적으로 익숙한 리스크(예컨대 자동차사고, 물 속의 미생물) — 적은 비용으로 큰 효과를 낼 수 있는 리스크에 대해 무감하게 되는 원인을 설명해 준다는

78) Philip K. Howard는 위 책의 대중판이라 할 수 있는 *The Death of Common Sense*에서 보다 쉬운 어조로 규제로 인한 폐해를 주장했고, 이 책은 전문분야를 다룬 책으로는 드물게도 미국에서 1994년도의 베스트셀러가 되었다.

것이다.[79] 그리고 이러한 일반대중의 리스크 인식은, [그림 4]에서 보는 바와 같이, 입법에 대한 강한 욕구로 나타났다.

이와 같은 주장대로라면, 일반 대중의 인식이 전문가와 다른 것은 事實에 대한 잘못된 判斷 때문이 아니라 價値判斷을 달리하기 때문에 비롯된 것이고, 그렇다면 대중의 인식과 다른 專門家의 評價는 대중의 가치판단과 유리된 전문가 자신의 가치선호가 반영된 결과라는 결론에 도달하게 된다. 이것은 리스크평가가 객관적 · 합리적이라는 대전제에 치명상을 주는 것이고, 결국 리스크평가는 전문가의 주관적 · 정치적 가치의 반영밖에 되지 않기 때문에 計量經濟學(econometrics)에 입각한 定量的 리스크評價 자체에 큰 위기를 초래하게 되었다. EPA도 이와 같은 상황을 인지하여, "상대적인 리스크의 정도를 엄정하게 측정하는 것은 환경정책의 형성에 필수적인 입력정보가 될 것이나, 그럼에도 불구하고 국민은 민주적 제도를 통해 사회가 어떤 리스크를 먼저 처리하여야 하는지, 그리고 어떻게 처리하여야 하는지를 결정할 수 있어야" 한다는 입장을 밝힌 바 있다.[80]

---

79) 반론으로는 Howard Margolis, "A New Account of Expert/Lay Conflicts of Risk Intuition", 8 *Duke Envtl. L. & Pol'y F.* 115(1997).

80) F. Henry Habicht Ⅱ, "EPA's Vision for Setting National Environmental Priorities", *Worst Things First?* 33, 38 (Adam M. Finkel & Dominic Golding eds., 1994).

[그림 4] Attitudes toward regulation of hazards. The larger the point, the greater the desire for strict regulation to reduce risk.

출전: Paul Slovic, "Perception of Risk", 236 Science 283 (1987) ⓒ AAAS. Stephen Breyer, Breaking the Vicious Circle 17 (1993)에서 재인용.

(4) Slovic의 주장에 대해서는 贊反兩論이 있을 수 있을 것이다. Slovic을 비판하는 쪽은 대중의 리스크 인식과 평가가 대개는 주먹구구식이거나 본능적 감각에 의존해 이루어지므로 歸納推論的 誤謬(heuristic errors)가 개재하거나 책임있는 정부라면 가려들어야 할 偏見에 기한 것이 많다고 주장할 것이다. 반면, Slovic을 지지하는 논거는, 이와 같은 태도는 단순히 무지나 편견의 소치를 반영하는 것이 아니라 대중이 가진 가치를 그대로 반영하는 것이고, 따라서 정책결정을 할 때에

는 반드시 고려하여야 한다는 것이다. 같은 위험성을 가진 흡연의 리스크와 오염물질의 리스크를 구별하고 후자를 싫어하는 대중의 태도는 자신의 私的 領域에서의 自由를 누리겠다는 가치 선택이 개재된 것이라는 것이다. 이러한 주장을 하는 쪽에서는 오히려 전문가들이 리스크평가 시에 일반인이 소중하게 여기는 가치에 착목하지 못하고 이를 간과한 잘못이 있다고 주장하기도 한다.

사실 우리 인간은 경제적 관점에서 합리적이지 아니한 행동을 하는 것으로 보일 때가 적지 않다. 公共選擇理論家들(public choice theorists)이 말하는 「투표의 패러독스(the paradox of voting)」에서 볼 수 있듯이, 투표행위는 경제적 관점에서 전혀 합리적이지 않다. 그럼에도 불구하고 많은 사람들이 투표를 하는 이유는 어디에 있는가? 투표에의 참가는 경제적 합리성은 없을지 몰라도 다른 측면에서는 얼마든지 합리화될 수 있다. 義務論的 觀點에서 보아 이를 칸트적 합리성(Kantian rationality)이라고 할 수도 있을 것이고, 동양의 德(virtues)을 강조하면 더욱 합리적일 것이다. 사실 대중과 전문가의 환경리스크에 대한 인식 · 평가의 차이가 사실을 제대로 파악하지 못하는 데서 비롯된 것이라면 대중을 교육함으로써 이를 극복할 수 있겠으나, 그 원인이 무지의 소치가 아니라 저변에 깔려있는 가치 선택이라면 결코 가볍게 취급할 수 없는 심각한 문제이다. 바로 이것에, 즉 인간에게는 시장이 포섭할 수 없는 가치나 합리성이 있다는 것에, 민주주의를 무시할 수 없는 또 하나의 本質的 理由가 있는 것이다.

V

政府·市場(公·私)區分論 批判

"O.K., you be the doctor, and I'll be the Secretary of Health and Human Services."

Published in *The New Yorker* May 3, 1993

여기까지 나는 시대사조로서의 신자유주의와 Arrow의 불가능성 정리에도 불구하고 민주주의의 원리가 그 고유의 가치를 가지고 있음을 주장하였다. 이 장에서는 대상명제의 두 번째 하위명제 ②와 ②*, 즉 시장영역은 시장주의에 의하여 규율되어야 하고, 시장주의가 적용될 영역이 확대되어야 한다는 주장에 대해 논박하기로 한다. 정부와 시장, 국가와 사회의 구분에 관해서는 오래 전부터 많은 연구가 축적되어 왔다. 여기서는 수많은 연구 중 이 글의 주제와 관련한 몇 가지 주장만을 논하기로 한다.

1. 多樣한 政府觀

(1) 먼저 시장과 정부의 구분 자체에 관해서도 相剋하는 두 가지 견해가 나뉘어져 있다. 즉 시장 · 정부의 구분을 先驗的이고 絕對的인 것으로 보는 견해(理論的 區別說)와 양자의 구분은 논리필연적인 것도 아니고 성질상 불가피한 것도 아닌, 制度的이고 相對的인 것(制度的 區別說)으로 보는 견해이다. "太初에 市場이 있다"는 自由至上主義(libertarianism)의

Hayek와, 公·私法의 개념은 "모든 법적 경험에 논리적으로 선행하고 모든 법적 경험에 있어서 처음부터 타당할 것을 요구"하는 "先驗的 法概念(apriorischer Rechtsbegriff)"이며, 공·사법의 구별은 "법개념 자체 속에 기초하고 있다"고 주장한 Gustav Radbruch[81]가 前者를 대표하는 사람이라면, "정부가 담당하여야 할 적절한 역할에 관해 규율할 수 있는, 선험적 추론에 의해 증명될 수 있는 규칙은 없다"[82]고 한 Paul Samuelson과, 시장을 國家的 制度로 보기 때문에 시장 그 자체를 가치로 보지 않고 국가의 목표를 달성하기 위한 수단으로 보는 秩序自由主義者(Ordo Liberalen)들은 후자에 속한다고 할 수 있을 것이다.[83]

그런데 제도적 구별설은 — 이론적 구별설과 마찬가지로 — 이미 정부·시장을 구별할 수 있음을 전제로 한다고 볼 수 있다. 환언하면, 이는 제도적 구별설이 이미 정부·시장의 개념에 관한 어떤 이념형을 가지고 있음을 뜻한다. 그러한 의미에서 제도적 구별설도 그것이 표방하는 내용과는 달리, 실

81) Gustav Radbruch(최종고 역), 법철학(삼영사, 2002).

82) Paul A. Samuelson, "The Economic Role of Private Activity", in *The Collected Scientific Papers of Paul Samuelson*, vol. 2, 1423 (J. E. Stiglitz ed., 1966). Gwartney & et al.(註 12), 159에서 재인용.

83) Ordo-liberalism에 관해서는, Otto Schlecht(안두순 외 6인 공역), 사회적 시장경제: 독일식 시장경제의 이론적 논리와 실무적 저력(비봉출판사, 1993).

제로는 이론적 구별설의 일종이며, 단지 그 적용에 있어서 각국의 현실에 따라 일정한 차등을 두고자 하는 것에 불과한 것인지도 모른다. 탈규제가 대세를 이루고 있는 현재의 관점에서 보면 정부 · 시장을 다른 차원으로 나누어 보지 말고, 하나의 차원에 속한 一般的인 狀態와 特別한 狀態의 관계로 볼 수도 있을 것이다.

(2) 시장영역과 정부영역을 區別하는 基準도 여러 가지를 생각해 볼 수 있다. 먼저 財産權을 기준으로, 재산권이 설정된 영역을 시장영역, 재산권이 설정되지 아니한 영역을 정부영역으로 볼 수 있다. 이러한 시각은 재산권이 설정된 대상에 관해서는 그 재산권의 보유자가 스스로 그 대상의 사용· 수익 · 처분을 할 수 있기 때문에 아래에서 보는 시장주의 즉, 私的 自治가 이루어질 수 있는 반면, 재산권이 설정되지 아니한 대상에 관해서는 그 대상의 사용 · 수익 · 처분을 결정할 수 있는 주체가 없기 때문에 결국 아래에서 보는 공동체의 구성원이 모여 集合的으로 決定한다는 민주주의가 적용된다고 보는 것이다.

다음으로, 私生活(privacy)을 기준으로 정부영역과 시장영역을 구분하려는 태도도 발견된다. 영국의 古典的 自由主義는 私的 個人(private individual)이라는 存在를 만들어 내고 이를 유지하기 위한 정치 이념이라고 할 수 있다. 정치와 같은 공동의 목적을 위한 행위 · 영역으로부터 유리된 채 혼자서 自身의 領域 속에서 살고자 하는 人間[84]을 保護해주려는 이념이라 할 수 있다. 따라서 영미 전통 하에서 公私의 區別은 이와 같은 사적 인간의 고유 영역을 지켜주는 privacy 개념이 주축이 되어 전개된 것이고, 이러한 **私的 領域**은 하느님만이 관여할 수 있는 영역이므로 세속의 정치적 · 행정적 통치자의 권한이 미칠 수 없게 된다. Locke가 사적 영역을 논하면서 가장 중요시했던 문제는 물론 宗敎의 自由로서(오늘날 종교는 이데올로기에 그 자리를 내 주었고, 이제는 그 이데올로기마저도 永滅할 지경에 있지만 말이다), 신앙과 예배에 관한 사항을 세속적 통치권자가 통제할 수 없다고 주장하였고,[85] 통상 여기에서부터 인간세계를 공과 사로 엄격히 구획하는 자유주의의 특징이 나타난다고 보고 있다. 사적 영역을 지켜준다는 것은 남을 해치지 않는 한 모든 행위를 할 자유가 있다는 자유

84) 미국헌법이론상 이른바 "홀로 있을 권리"("right to be left alone")는 privacy의 중요한 내용으로 다루어지고 있는바, Louis Brandeis 대법관은 이를 "가장 포괄적인 권리이자 개명된 국민들이 가장 소중히 여기는 권리"라고 천명한 바 있다. Olmstead v. United States, 277 U.S. 438 478 (1928) (Brandeis, J., dissenting).

85) 이는 미국 헌법담론에서 자주 보이는 "교회와 국가를 가르는 장벽"("wall of separation between church and state")이라는 표현으로 발전한다. 함재학, "침묵의 자유와 자유민주주의"(미출판논문; 필자 소장), 18면.

주의의 또 하나의 기본 요청과 表裏의 關係에 있는 것이다.

사적 개인은 정신적인 영역뿐만 아니라 物質的인 領域에서도 국가나 공동체의 간섭을 배제한 채 혼자 조용히 살고자 하는 존재였다. 이를 가능하게 해주는 것은 다름 아닌 私有財産權(private property)이다.[86] 결국 Locke가 추구하던 사적 개인은 사용 · 수익 · 처분이 절대적으로 보장된 사유 재산이라는 물적 기반 위에 외부의 간섭 없이 자신이 결정한 방식대로 하느님을 믿고 예배하는 존재라고 할 수 있겠다.

사적 개인이 혼자 조용히 살기 위해 사적 영역을 보장해 주어야 한다는 것은, 세상이 복잡해지고 그에 따라 개인의 욕망과 필요가 커지면서 그 地平이 확대될 수밖에 없게 된다. 즉, 사적 개인은 국가나 다수의 의사에 영향을 받지 않고 다른 개인과 이런 저런 관계를 맺고자 하게 된다. 이와 같이 관계를 맺는 것, 경제적 관점에서 보면 去來 또는 交換 行爲는, 그것이 타인에게 해를 끼치지 않는 한 사적 개인의 사적 영역이 확장된 것으로서 정부가 개입할 수 없게 된다. 이와 같이 擴張된 私的 領域은 사적 개인 혼자만의 영역을 보호해 주어야 할 이유와 똑 같은 이유에 의해 보장되어야 한다.

---

86) 재산권이 이와 같은 개인의 삶의 안전을 보장해주는 기능을 가지고 있다는 점을 분명하고 간결하게 설명한 수작으로 James M. Buchanan, *Property as a Guarantor of Liberty* (Vermont: Edward Elgar Publishing Co,, 1993).

한편, Locke의 견해에 의하면 개인의 권리는 국가 이전에 자연 상태에서부터 존재하는 것이므로 국가가 간섭할 수 없는 것이 되는데, 이는 自然權 思想과 自由主義가 거의 不可分의 關係에 있음을 나타낸다. 나아가서 이러한 기본권은 절대적인 것으로서 다수의 결정으로도 무시할 없는 것이라는 것이 자유주의 법이론의 핵심이 된다.87)

(3) 이상의 논의에서와 같이, 정부와 시장의 구별은, 대개 시장에 基準点을 두고 이러 이러한 영역은 시장의 영역이고, 따라서 정부가 다수의 이름으로 개입할 수 없다는 식으로 논의를 전개한다. 이와 같이 시장을 기준으로 정부와의 구별을 시도하는 것은, 그것이 정부를 기준으로 시장과의 구별을 시도하는 것보다 설명하기에 편하기 때문이기도 하지만, 대개

---

87) 이러한 관계를 설명한 문헌으로는 Ronald Dworkin, *Taking Rights Seriously* (Cambridge: Harvard University Press, 1977). 다른 한편, 자유주의적 입장에서도 개인의 기본권이 국가보다 先在하는 것이라고 볼 필요가 없다는 견해가 특히 근자에 제기되고 있다. Richard H. Fallon, Jr., "Individual Rights and the Powers of Government", 27 *Ga L. Rev.* 343 (1993); Richard H. Pildes, "Why Rights Are not Trumps: Social Meanings, Expressive Harms and Constitutionalism", 27 *J. Legal Stud.* 725 (1998); Martha Minow, "Interpreting Rights: An Essay for Robert Cover", 95 *Yale L. J.* 1860 (1987).

는 個人을 모든 價値의 根源으로 보는 個人主義 내지 自由主義가 그 기저에 깔려 있다고 보면 크게 틀리지 않을 것이다.

그런데 자유주의자 사이에서도 시장영역과 정부영역의 구분은 千差萬別이다. 대체로 정부를 시장이 기능하기 위해 필요한, 市場의 缺陷을 補充하기 위한 機制로 바라보지만 구체적으로 들여다보면 미묘한 차이가 있다. 먼저 James M. Buchanan은, 정부의 첫 번째 기능을 保護的 機能(protective function)으로 보고,[88] 이것은 안전과 질서를 유지하기 위해서 구성원들이 서로 평화롭게 상호작용할 수 있도록 만드는 「게임의 規則」을 만들고, 해석하고, 집행하는 것이라고 규정한다. 정부의 두 번째 기능은 生産的 機能(pruductive function)인데,[89] 이것은 구성원이 서로 교환하고 거래하는 데 필요한 제도를 정비하는 것으로, 대표적인 것으로는 통화체계와 안전한 금융환경을 들 수 있다. 세 번째 기능은, 市場 失敗를 矯正하는 기능, 즉 ① 독점구조를 타파하여 경쟁을 유발하고, ② 환경문제와 같은 외부효과를 내부화하고, ③ 국방과 같은 공공재를 생산하고, ④ 정보의 비대칭구조로 인하여 피해를 보는 소비자와 생산자를 돕는 것이다.

---

88) James M. Buchanan, *The Limits of Liberty: Between Anarchy and Leviathan* 68-70 (1975).

89) Id. 68-70, 97-98.

다음으로 Milton Friedman은 다음과 같이 정부의 역할을 제한적으로 규정하고 있다. 즉 정부는, 첫째, 게임의 規則을 제정하고 그 해석 · 집행을 담당할 審判官으로서의 역할을 담당하여야 하고,[90] 둘째, 公共財를 공급하고, 이웃효과[外部效果]를 내부화하여야 하며,[91] 셋째, 정신이상자 또는 어린이 등 책임능력을 결여한 사람들에게는 일정한 보호를 — 비록 그것이 국가의 干涉主義(paternalism)로 여겨진다 하여도 — 제공하여야 한다고 주장한다. 하지만, 아래에서 보는 바와 같이 Friedman보다 한 세대 앞서 자유주의를 강력히 옹호한 Hayek만 하더라도 위 항목에 덧붙여 社會的 弱者에 대한 福祉政策을 옹호한 바 있다.[92]

---

90) 규칙제정자 및 심판관으로서의 정부의 역할로는 다음의 다섯 가지가 있다: ① 개인에 대한 다른 개인의 강제적 간섭을 방지하기 위한 법과 질서의 유지; ② 자발적으로 체결된 계약의 집행; ③ 재산권의 정의; ④ 권리의 해석과 집행; ⑤ 통화체계의 제공. Friedman(註 10), 25-27.

91) Friedman은 공공재의 공급과 외부효과의 내부화에 있어서도 정부 외에 사기업도 이를 담당할 수 있는 경우가 있음을 지적하고, 고속도로, 국립공원 등의 경우에는 정부가 이를 사유화할 필요성을 지적하고 있고, Id. 30-31, 외부효과의 경우에도 정부 개입으로 인한 또 다른 외부효과, 즉 정치적 외부효과(political externalities)가 더욱 큰 경우에는 정부가 개입을 자제하는 것이 바람직하다고 지적하고 있다. Id. 31-32. 또한 정부가 필요한 예로 거시되는 자연독점의 경우도, Friedman은 정부 독점이나 정부 규제보다는 사적 독점이 부작용이 적은 방식임을 역설하고 있다. Id. 29-30.

(4) 다른 한편, 정부에 무게 중심을 두고 정부와 시장을 구별하는 견해도 있을 것이다. 國家社會主義, 全體主義와 같은 극단적인 견해도 있을 수 있겠지만, "제3의 길"이나 "社會的 市場經濟"가 오늘날 찾아볼 수 있는 예라고 생각된다. 사회적 시장경제는, 경기의 일반적인 규칙만을 정부가 정해 놓고 정부 자신이 직접 지시와 유도를 통해 경기에 개입하지는 않는다는 점에서, 기본적으로 자유주의적이라고 이야기할 수 있다. 하지만, 사회적 시장경제체제의 일관된 논리전개의 기조는 「效率性」과 함께 「社會的인 責任」을 동시에 추구하는 것이거니와, 사회적 시장경제 구상에서 정부의 역할은 대단히 큰 것이다. 40년 동안 독일의 연방경제부에서 근무하다가 연방경제부 정무차관으로 정년퇴임한 Otto Schlecht가 밝혔듯이, "國家만이 시장경제질서에게 正當性을 부여할 수 있"을 뿐만 아니라 "국가만이, 시장과 경쟁에 의해서는 사회적으로 바람직스럽게 해결될 수 없는 사회적인 과제의 해결에 대한 責任을 질 수 있"다고 보기 때문이다.[93)]

그리하여 사회적 시장경제체제 하에서는 정부가 할 수 있는 기능을 Buchanan과 같이 제한적으로 보지 않는다. 프라이부르크 학파(Freiburger Schule)를 대표하는 Walter Eucken

---

92) 자세한 것은 Richard Epstein, "Hayekian Socialism", 58 *Md. L. Rev.* 271 (1999).

93) Schlecht(註 83), 69-70.

이 이야기한 것처럼, "規制原則(regulierende Prinzipien)"은 "확고부동한 '構成原則(konstituierende Prinzipien)'의 기초 위"에 입각하여야 하지만, "변화하는 경제적 사회적 조건과 새로운 학문적 지식수준에 적응해야" 하기 때문이다.[94] 또한 이들 秩序自由主義學派(Ordo Liberalen)는 정부의 역할이 무엇인가에 관심을 두기보다는 무엇을 하든 간에, 정부가 그러한 역할을 어떻게 수행하느냐에 관심을 두고 있다. 따라서 정부의 영역은 앞서 본 견해들에서보다 더욱 확대될 수 있는 것이다. 이런 까닭에, Hayek는, 사회적 시장경제란 시장경제일 수가 없기 때문에 사회적 시장경제는 도대체 존재할 수가 없다[95]고 강력하게 주장했던 것이다.

(5) 이상의 논의에서, 시장과 정부의 구분이 價値中立的이라기보다는 **價値從屬的**임을 알게 되었다. 이와 같이 민주주의의 원리가 적용되어야 할 영역, 즉 政府領域의 範圍에 대해서는 多種多樣한 見解가 있다면, 정부영역 내지 정부역할은 문자 그대로 사회 구성원들이 集合的으로 決定할 문제라고 볼 수도 있겠다. 말하자면 정부의 기획 · 조정 활동의 내용뿐만 아니라, **政府領域** 내지 **政府役割**의 **範圍** 자체도 **民主主義**의 **原**

---

94) Id. 14.

95) Id. 23.

理에 의해 決定될 수도 있는 것이다.

2. Atkinson & Stiglitz의 機能主義的 政府理論

(1) 이상에서 시장과 정부의 구분은 구분자의 가치관과 세계관에 의해 영향을 받는 것임을 알게 되었다. 이 절에서는 가급적 가치의 다양성을 배제한 채 오로지 국가를 구성원들의 특정한 목표를 달성하는 데 사용할 수 있는 機能的 組織으로 보고 논의를 진개하려고 힌다. 주지하듯이 정부를 바라보는 시각은 실로 다양하다.[96] 여기서는 정부를 자본주의의 기능적

96) 정부정책과 기구를, 다원화된 사회의 필요에 대한 시민들의 합의를 바탕으로 정치과정을 통해 형성되는 것, 요컨대 정치과정 참여자들의 상호작용에 의하여 이루어지는 것으로 보는 多元主義 정부관, 정부는 구성원들이 모두 자기의 개인이익을 추구하기 위해 수행한 합리적 선택의 집합으로서 결정되는 것으로 보는 個人主義 정부관, 정부를 엘리트에 의해 과두제적 방식으로 조직화되는 것으로 보는 엘리트主義 정부관, 정부를 자본주의의 기능적 필요에 따라 그리고 계급갈등을 통해 결정되는 것으로 보는 資本主義 정부관 등이 그것이다. 또한 정부기구의 변화에 초점을 맞추어 정부를 설명하려는 歸因理論(attribution theory)의 관점에서 바라보면, 정부기구는 정부가 주어진 기능적 필요, 예컨대 사회질서의 유지에 대응하기 위해 형성된 제도들의 집합이고, 이 기능적 필요에 의해 진화한다는 機能論, 정부기구란 정부를 구성하는 제도의 일부이며 그 자체가 지닌 관성에 의해 스스로의 변화에 영향을 미친다는 制度論, 정부기구의 변화는

필요에 따라 결정된다고 보는 資本主義 政府觀, 그리고 보다 미시적으로는 정부의 기구들은 주어진 기능적 필요에 대응하기 위해 형성된 제도들의 집합이고, 이 기능적 필요에 의해 진화한다는 機能論에 입각해서, 시장과의 관계에서 바람직한 정부의 역할을 선택할 수 있는 기초를 다지고자 한다.

Anthony B. Atkinson과 세계은행 총재를 역임한 노벨상 수상자인 Joseph E. Stiglitz는 "政府에 대한 規範理論"(Normative Theories of the State)에서 시장과 정부에 관한 다양한 관점을 기능주의적 시각에서 쉽게 설명함으로써 양자의 바람직한 관계를 상정하는 데 필요한 분석적 사고를 제공하고 있다.[97] 사람들의 삶에 대한 國家의 統制 정도와 그들이 누리는 富, 조금 더 일반화한다면 物質的 滿足 사이의 관계를 묘사함으로써 정

관련 행위자들의 의도적이거나 합리적인 선택의 산물이라는 行爲論 등이 있다. 정용덕, 한 · 일 국가기구 비교연구 16-18(대영문화사, 2002). 한편 자본주의 국가론의 시각에서 정부와 시장의 관계를 보는 경우에도, 다음과 같이 크게 두 가지 유형의 이미지를 그려볼 수 있다: 첫째는, 정부를 단순히 독점자본가의 이익을 위해 활동하는 수동적 존재로 간주하는 도구주의적 시각이고, 둘째는, 정부는 자본주의 체제의 생존과 발전에 순기능적 활동을 수행하는 것으로 보는 기능주의적 시각이다. Id. 257. 본문에서의 주장은 이 두 번째 시각에 입각해 있다.

97) 이하는 Anthony B. Atkinson & Joseph E. Stiglitz, *Lectures on Public Economics* 333-343 (1980)에 전적으로 의존하였다. 이하 특별히 강조할 필요가 없는 한 일일이 註를 달지 않기로 한다.

부와 시장 사이의 관계를 분석적으로 사고하도록 하고 있다. 그리하여 정부와 시장의 상호관계는 그 구성원들이 선택할 문제라는 점을 선명하게 부각시키고 있다.

(2) [그림 5]에서, 세로(Y)축과 가로(X)축은 각각 상대적으로 능력(재화) 있는 사람(들)인 2와 그렇지 못한 사람(들)인 1의 부와 만족을 나타내고 있다. 곡선은 T에서 P의 방향으로 이동할수록 국가의 통제가 늘어나고, 그에 따라 양자(1·2) 사이에 부와 만족이 어떻게 바뀌는가를 보여준다. 환언하면 구성원 1과 구성원 2로 구성된 사회에서 政府領域의 擴張에 따른 社會全體의 부의 변화 및 構成員 각자의 富의 變化를 보여주는 것이다. T에서 P까지의 곡선은 選擇可能曲線의 기능을 하게 된다. 바꾸어 말하면 소비자선택이론에서 예산제약선, 후생경제학이론에서 생산가능곡선과 같은 기능을 하는 것으로, 구성원 1과 2가 달성할 수 있는 물질적 만족의 최대한을 의미한다고 하겠다.

[그림 5]에서 점 T는 국가가 없거나 아무 일도 하지 않는 상태를 말한다. 이 점에서 구성원 2는 구성원 1보다 많은 부와 만족을 누릴 것이고, 두 사람 사이의 차이를 단순화하여 구성원 2의 부와 만족을 T로, 구성원 1의 부와 만족은 영(0)으로 나타낸 것이다. 점 T는 無政府主義 국가상 내지 Hobbes의 自

[그림 5] Alternative views of government objectives

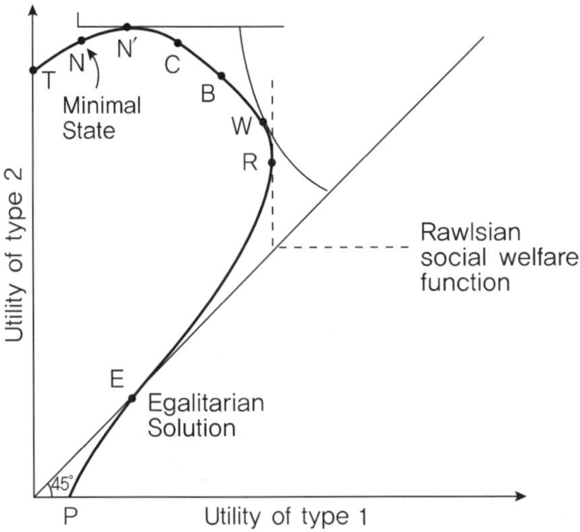

출전: Atkinson & Stiglitz, Lectures on Public Economics 338 (1980)

然狀態(state of nature)의 국가상을 말한다고 볼 수 있다. 점 N은 점 T보다는 국가의 역할이 크지만 국방, 치안, 계약의 실효성 확보라는 최소한의 역할만 맡는 夜警國家를 나타낸다. 점 T와 비교하면 두 사람 모두 어느 정도 더 만족해질 것이다. 따라서 점 N은 점 T에 비하여 右上向의 위치를 차지한다.

국가의 통제가 계속 늘어나면 두 사람의 부와 만족은 점 N′, C, E, … P의 차례로 바뀌게 된다. 점 N′까지는 국가의 개입이 사회 전체의 효율을 개선하므로 두 사람 모두가 득을 볼 수 있지만, 그 점을 넘어서면 구성원 1의 부를 늘리기 위해서는 구성원 2의 몫을 줄일 수밖에 없다. 점 R을 넘어서게 되면 국가의 간섭이 너무 커져서 구성원 2만이 아니라 구성원 1의 형편 역시 나빠지기 시작한다. 원점에서 45° 선이 뜻하는 바는 두 사람의 부나 만족이 같다는 것이고, 따라서 점 E는 국가의 간섭을 통해서 두 사람 사이에 結果的 平等이 이루어져 있음을 뜻한다.

(가) 夜警國家

이상을 좀더 자세히 살펴보자. 야경국가 · 최소국가의 취지는 Nozick의 Anarchy, State and Utopia(1974) 서문(ix쪽)에 잘 나타나 있다. Nozick에 의하면 "最小國家는 폭력 · 절도행위 · 사기행위에 대한 보호, …, 계약의 집행, 기타 등등의 최소한의 기능에 한정될 때 정당화된다. 그 이상의 어떠한 擴張된 政府는 어떤 일을 하도록 강요되지 아니할 人間의 權利를 侵害하는 것이고, 따라서 정당화되지 않는다."[98] 이러한 관점에서 보면 흔히들 국가의 기능이라고 생각하는 많은 것들이

98) Nozick, *Anarchy, State and Utopia* ix(1974)("a minimal state, limited to the narrow functions of protection against force, theft, fraud, enforcement of contracts, and so on, is justified; that any more extensive state will violate persons' rights not to be forced to do certain things, and is unjustified.").

더 이상 정당화될 수 없게 된다. Nozick의 개념에 따른 최소국가는 오직 한 가지 公共財 — 폭력, 절도, 사기로부터의 보호와 계약의 집행 — 만을 제공하게 되고 국가의 再分配活動은 最小限의 기능에 한정되게 된다.

(나) 全員合意와 파레토 效率(Pareto Efficiency)

Nozick의 최소국가개념에서 한 단계 나아간 것이 국가로 하여금 그 구성원이 滿場一致로 同意한 부분까지 개입할 수 있도록 한 단계이다.[99] 이렇게 하면 국가는 구성원의 파레토 개선을 위한 범위에서는 租稅賦課와 公共支出 기능을 수행할 수 있게 된다. 이 경우 국가가 파레토 효율을 위해 어느 정도까지 개입할 수 있는지 여부는 여러 가지 요소에 의존하게 된다. 실제로 후생경제학의 가장 기초적인 공리들의 목표는 경쟁시장에서 파레토 효율이 달성될 수 있는 상황에 대한 설명이 가능하도록 하는 데 있다.

[그림 5]에서 N은 Nozick에 따른 최소개입국가(야경국가) 상태를 나타내고 있다. 이 상황에서 국가는 T에서 P를 연결하는 선상의 어떤 수준으로 개입할 수 있다. N의 상태에서 NC상의 어떤 점으로 이동하는 것은 파레토 개선이다. 따라서 구성원들(여기서는 두 명밖에 없는 것으로 가정하였지만, n명

99) 이에 관한 대표적 문헌으로는, Buchanan and Tullock, *The Calculus of Consent* (1962).

의 의사결정주체가 있는 경우로 확장해도 마찬가지 결론을 얻을 수 있다)의 만장일치의 찬성을 얻을 수 있다. 반면에 출발점이 N′이었다면 어떤 점으로 이동해도 파레토 개선이 될 수 없고, 이것은 파레토 개선의 정의에 의해 자명하다. 다만 N′C 상의 어떤 점도 똑같이 만장일치로 N보다 선호된다는 사실만 나타날 뿐 N′C상의 각 점들 간의 선호서열은 나타낼 수 없다는 점은 파레토 개념이 생래적으로 가지고 있는 한계이다.

(다) 政府政策과 칼도-힉스 效率(Kaldo-Hicks Efficiency)

그런데 실제로 정부가 정책결정을 할 때 全員合意, 부연하면 국가공동체 구성원 (또는 그 내표인 정치인) 전원의 동의를 얻는 경우는 극히 드물다. 이런 까닭에 경제학자들은 대개 政策目標는 政治體에 의해 주어진 것으로 받아들이고, 오로지 그 목표를 달성할 수 있는 手段 중 가장 비용효율적인 것이 어느 것이겠는가에 치중한다. 그리고 이 때, 채용하는 효율성 기준이라는 것은 「채택되는 규제수단으로 인해 얻을 수 있는 總便益이 總費用을 超過하여야만 한다」는 Kaldo-Hicks 기준이다.[100] 이 기준은 새로운 정부개입으로 인해 순

100) Kaldo-Hicks 기준은 사회통합이 완성된 형태로 이루어진 사회에서 정치체에 의해 추진될 수 있는 기준이다. 사회통합이 불안한 경우에는 파레토 기준이 채택되어야 할 것이다. 왜냐하면 사회통합이 불안한 만큼 피규제자 내지 수범자들의 규제저항 내지 규범저항이 거세게 일어나 이로 인한 비용이 더욱 커질 것이기 때문이다. 자세한 것은 Jonathan Baert Wiener, “Global Environmental Regulation:

편익을 얻게 되는 피규제자, 말하자면 규제게임에서의 勝者가 그 순편익으로 정부개입으로 인해 負(-)의 순편익을 얻게 되는 피규제자, 말하자면 규제게임에서의 敗者를 보상하기에 충분한 편익을 얻게 된다면 — 실제로 보상이 일어나는지 여부에 관계없이 — 사회전체적으로는 효율적인 선택이라는 것이다. 바로 이 Kaldo-Hicks 효율성이 경제학자들이 정부개입의 형태, 즉 규제수단을 평가하는 기초이다. 주지하듯이 이러한 관점은 정부로 하여금 소득분배에 관련된 泥田鬪狗式 政治와 絶緣된 채 파이를 키우는 일에 전념할 수 있게 해주는 것이다.[101)]

하지만, 주지하듯이, 효율성 기준은 — 물론 중요한 기준이지만 — 수많은 기준 중 하나일 뿐이다. 정부는 서로 다른

Instrument Choice in Legal Context", 108 *Yale L.J.* 677 (1999).

101) 다음의 인용문은 이 단락에서 간략히 살펴본 경제학자들의 政府觀을 간결명료하게 표현해 주고 있다.

"Pigouvian model of government .... assumes that government is an unimpeachable benefit-cost machine. It does not inquire about the distribution of benefits, nor can it be manipulated by any faction of those governed .... [G]overnment decisions do not depend on the will of anyone, let alone the majority. ..,. The Pigouvian model .... is adopted in most public policy models as an innocent ceteris paribus assumption ...."

William A. Fischel & Perry Shapiro, "Takings, Insurance, and Michelman: Comments on Economic Interpretations of 'Just Compensation' Law", 17 *J. Legal Stud.* 269, 285 (1988).

생각을 가지고 있는 사람들을 구성원으로 하는 단체이기 때문에 정부의 규제수단 선택이란 문제도 그만큼 어려운, 말하자면 變數를 여러 개 가진 高次元 方程式인 것이다.

(라) 社會厚生函數

수많은 Pareto 개선 내지 Kaldo-Hicks 개선의 선택 중에서 어떤 점을 선택할 것인가를 결정하기 위해서는 사회후생함수가 고려되어야 한다. 흔히들 사회후생함수는 I(U1, U2, U3, …, Uh)로 표현하는데 여기서 Uh는 그 사회의 각 구성원들의 효용함수를 나타낸다. 사회후생함수는 각 구성원의 가치평가의 면에서 파레토 기준에 부합할 뿐만 아니라, 각 구성원들 및 사회전체의 효용의 증가와 감소가 비교될 수 있다고 가정하는 점에서 파레토 기준에서 한 걸음 더 나아가는 것이다.[102)]

이러한 사회후생함수는 그 사회의 구성원들의 價値觀을 반영하는 것으로 그 가치관에 따라 여러 가지 모양을 보일 수 있는데, 가령 Bentham의 功利主義에 따른다면, 「最大多數의 最大幸福」이 사회적 선호가치이고 각 개인의 선호들에 대한 가중치는 동일하므로, 이 경우 사회후생함수의 무차별곡선

102) 이 부분 논의는 효용함수가 기수적(cardinal)이라고 가정하는 것이 아님을 주의하여야 한다. 환언하면 효용함수는 여전히 서수적(ordinal)이되 효용간의 순서에 따른 비교가 가능하다는 점까지만 나아간 것이다.

은 원점에 대해서 -1의 기울기를 갖는 모양이 된다. 한편 Rawls의 正義論에 따르면 危險回避的(risk-averse) 성향을 가진 原初的 地位(original position)에서 각 구성원들은 "無知의 베일(the veil of ignorance)"의 기능에 의해 사회적 약자를 두텁게 보호하는 「max-min」의 사회후생함수를 가지게 되고 그 무차별곡선은 원점에 대해 L의 모양을 띤 Leontief 함수와 같게 된다. 각각의 경우 最適의 國家介入点은 Bentham의 공리주의 입장에서는 [그림 5]에서 B의 점이 될 것이고, Rawls의 정의론 입장에서는 R점이 될 것이다. 이러한 차이는 무지의 베일 뒤에 있는 개인들의 위험회피적인 성향에 대한 가정(assumption)의 차이에서 비롯한 것인데, Rawls는 그 위험회피의 성향을 무한대로 가정하고 있다. 또한, 사회후생의 평가에 있어서 (효용의 양적 비교 대신) 平等主義 原則(egalitarian principle)을 취할 때 선택점은 E가 될 것이다.

(3) Atkinson · Stiglitz의 정부이론은 정부의 개입을 지나치게 단순화한 점이 있음을 부정할 수 없을 것이다. 하지만 국가운영의 기본 기제로 민주주의의 원리와 시장의 원리 중 어느 것을 선택할 것인가, 혹은 양자를 어떻게 조합할 것인가를 고민할 때 고려할 요소는, 이 모델이 대부분 제시한다고 보아도 무방할 것이다.

Atkinson · Stiglitz의 정부이론이 전해주는 결론은 매우 機能的이다. 민주주의냐 시장주의냐의 문제가 적어도 구성원의 선호를 사회적 선호로 바꾸는 방식에 대한 고민이라면, 그것은 擇一이 아니라 調和의 문제이다. 앞서 보았듯이 정부영역의 한계를 미리 확정해 놓는다면 [그림 5]에서 볼 수 있듯이 선택가능곡선과 사회후생함수는 영원히 접점을 찾을 수 없을 수도 있게 된다.[103] **社會厚生函數의 選擇이 사회의 구성원의 몫이듯이, 政府領域과 市場領域의 境界 選擇은 構成員이 民主主義의 原理에 의해서 決定하여야 할 것이다.**

3. 新制度經濟學의 提言

(1) 시장에 정부가 개입하지 않으면 않을수록 善이라는 通念은, 정부가 하는 일이 국리민복에 도움이 되기보다는 해가 되었다는 경험에 기초한다. 하지만 정부가 파레토 개선적인 정책을 채택하지 못하고 오히려 改惡的인 政策을 채택했다는 사실이 곧바로, 좋은 정부나 좋은 정책에 대한 탐구노력이 더 이상 필요하지 않다는 것을 의미하는 것은 결코 아니다.

---

103) 가령 [그림 5]에서 정부영역을 C까지만 미치는 것으로 전제한 상태에서 최대다수의 최대행복을 사회후생함수로 채택한다면, B라는 접점은 존재할 수 없게 된다.

오히려 위와 같은 경험은 이를, 좋은 정책이 채택될 수 있도록 하는 제도적 개선책은 무엇인가를 논의하게 하는 계기로 삼아야 할 것이다. 일찍이 Henry Sidgwich가 "자유방임이 역부족이라 해서 정부개입이 방편이 된다고 할 수는 없다. 왜냐하면 후자의 불가피한 단점이, 어떤 경우에는, 사적 기업의 결점보다 더 나쁠 수 있기 때문이다"라고 설파한 것은 바로 이 점을 통찰한 것이었다.[104] 또한 그와 같은 제도적 개선의 가능성이 인정된다면, 논의의 중심은 이제 시장과 정부 사이에서 全部 또는 全無의 絕對的 擇一이 아니라 어떤 狀況에서 어떤 制度가 選擇되어야 하는가의 相對的 選別에 모아져야 할 것이다.

(2) 그 동안 제도를 단순히 "人間의 行動이 發現되는 場"으로서만 파악하고 그 묘사에 그쳤던 이른바 구제도론과 달리, 새로운 이론적 정향으로서의 新制度論은, 制度가 人間의 選好와 能力에 미치는 影響을 새롭고 力動的인 時角에서 分析함으로써 제도의 중요성을 다시금 강조하고 있다.[105] 특히 제도를 「社會構成員의 考案」이라고 파악하고 제도가 어떻게 그들

104) Henry Sidgwick, *Principles of Political Economy* (1887). Inman (註 61), 753에서 재인용.

105) 신제도경제학에 관한 설명은, 매우 잘 정리된 교육적 논문인 김난도, "신제도경제학의 제도개념과 정책연구", 한국정책학회보 제6권 제1호, 127-151(1997)에 주로 의존하였다.

의 선호를 반영시켜 나가는가를 분석하는 소위 新制度經濟學(New Institutional Economics)은, 新古典經濟學에서의 가정을 완화함으로써 제도개념을 재규정하고 "制度가 人間과 社會에 影響을 미치는 經路를 分析"하고 있다.[106]

신제도경제학은, 종래의 신고전경제학의 기본 가정 ―「마찰없는 完全競爭的 市場과 이기적이고 합리적인 經濟人(homo economicus)」의 가정을 비판하고, 이를 적실성 있게 완화함으로써 보다 역동적이고 실제적인 이론을 전개한다. 그리하여 신제도경제학이 상정하는 시장은, Demsetz가 "涅槃의 모델(Nirvana model)"일 뿐이라고 비핀했던[107] 眞空 속의 市場이 아니라, [표 4]가 보여주는 바와 같이,「去來費用이 존재하고, 制限된 情報에 의해 제약되고, 참여자의 행위가 이기적 이해뿐만 아니라 제도, 규칙, 규범 등에 의해서 영향 받는 俗世의 市場」이다.[108] 이러한 관점에서 보면 시장도 一種의 制度에

---

106) Id. 127. 김난도는 신제도경제학의 다양한 제도개념을 검토한 끝에 제도를 "특정 공동체의 구성원들의 선호와 행위에 제약을 부가함으로써 그들의 다양한 거래와 교환에 수반하는 비용을 감소시키는 형식화된 규범들"이라고 정의한다. Id. 133.

107) Id. 134(V. Ostrom, "Some Developments in the Study of Market Choice, Public Choice, and Institutional Choice", *Handbook of Public Administration* 861-882 (J. Rabin, et al eds., 1989)를 인용).

108) 제도는 통상 다음과 같은 세 가지 경로를 통해 인간의 행태와 사회에 영향을 미친다. "첫째, [ ] 거래비용을 감소시킴으로써 정치 또는 경제적 교환의 효율을 높이고, 둘째 개인들의 선호 · 유인구조를

[표 4] 신고전경제학과 신제도경제학의 기본가정 비교: 요약

	신고전경제학	신제도경제학
시장에 대한 가정	거래의 주어진 場으로서의 시장	변수(제도)로서의 시장
	마찰없는 거래	거래비용의 존재
	완전한 정보	제한되고 비용이 드는 정보
	거래의 선행조건으로의 재산권	내재화된(endogenized) 재산권
	즉각적인 균형	균형에 이르는 경로의 탐색
경제인에 대한 가정	합리성	제한된 합리성
	이기주의	이기주의뿐만 아니라 규범, 의무감, 이타주의, 상호이익도 고려
	안정적, 일관된 내생적 선호	외생적 선호
	효용극대화	만족화 또는 의무에 의한 행위

출전: 김난도, "신제도경제학의 제도개념과 정책연구", 한국정책학회보 제6권 제1호, 127, 137(1997).

불과하고, 따라서 시장에 영향을 미치는 조건에 따라 多樣한 市場이 존재할 수 있게 된다.

제공하고 실행가능한 대안의 집합을 제시함으로써 그들의 행위에 기초적인 근거를 제공하며, 마지막으로 불확실하고 불완전한 정보 상황 하에서도 거래당사자들의 상대방에 대한 상호신뢰를 가능하게 함으로써 안정적인 거래를 가능케" 한다. 자세한 것은 Id. 140 이하 참조.

(3) Robert P. Inman은 이러한 전제에 입각하여 政府와 市場의 境界線을 劃定하려는 의미 있는 시도를 한 바 있다. Inman은 이러한 작업을 신제도경제학의 「還元主義的 前提」 — 정부제도는 사회구성원의 고안일 뿐이라는 전제와 「分析的 方法論」 — 정부제도가 인간과 사회에 영향을 미치는 經路를 分析하여 바람직한 정책의 채택을 가능하게 하는 制度的 改善策을 도모하려는 방법론[109]에 기하여 수행하였다. Inman은, 먼저 이념형으로서의 시장 또는 정부는 그 어느 것도 사회의 유한한 자원을 분배하는 유일한 제도로 立地할 수 없음을 뷰명히 밝힌다. 시장이 情報를 知得·傳達하고 구성원의 변화하는 選好에 卽應하게 하는 탁월한 능력을 가지고 있지만 구성원의 기회주의적 행동을 막지 못하는 반면, 정부는 비록 정보전달이나 선호즉응에 있어서는 시장만 못하지만 구성원들간의 機會主義나 去來費用을 減少시켜 協同的 配分을 가능하게 하는 長處를 가지고 있음을 지적한 것이다. 따라서 정치경

109) 인류 역사상 위대한 정치경제학자들, 즉 Hobbes, Smith, Mills, Sidgwick 등은 모두 「어떤 조건 내지 상황 하에서 시장 또는 정부가 적절한 자원배분기제가 되는가」를 연구하였다고 할 수 있다. Inman의 작업도 크게 보면 위 질문에 초점을 맞추고 있는 것임에 틀림없다. 다만, Inman을 구별짓는 것이 있다면, 그것은 위 질문에 대답하기 위해 도입하는 분석기법의 정교함에 있는 것이다. Inman은 이런 정교함을 강조하면서 자신의 학문을 "'새로운' 정치경제학"("'New' Political Economy")로 명명하고 있다. Inman(註 61), 649.

제학자에게 남는 과제는, 어떤 상황에서 어떤 기제를 선택할 것인가 또는 具體的인 狀況에서 어떤 制度를 設計해낼 것인가를 연구하는 것이 된다. 특정한 국가나 지역의 經濟成長의 문제를 制度의 優劣勝敗로 설명한 Douglas C. North[110]나 거래비용제거와 特定性(specificity)의 개념으로 왜 「조직이라는 제도」가 — 시장이라는 효율적인 제도가 존재함에도 불구하고 — 구성되는가라는 문제를 연구한 Oliver E. Williamson,[111] 제도가 어떻게 재산권을 규정하고 재산권의 구조와 형태가 어떻게 각 경제주체의 유인구조, 소득재분배, 성과에 영향을 미치는가를 연구하는 財産權理論[112] 등은 모두 이러한 문제의식에서 출발한 것이다.

(4) [표 5]는 Inman이 그려낸 「政府 · 市場의 境界線」이다. [표 5] 속에 있는 윗부분 상자는, 制度的 構造(Institutional Structures)의 차이에 따라 나타나는 각종 정부형태를 보여주고 있다. 구성원들의 기호(Tastes), 기술(Technology), 천부조건(Endowments)에 의해 결정되는 자연상태(State of Nature) 그대로인 無政府狀態, 재산권 보장과 계약의 집행이라는 최소

110) 대표적으로 Douglas C. North, *Institutions, Institutional Change, and Economic Performance* (1990).

111) Oliver E. Williamson, *Markets and Hierarchies: Analysis and Antitrust Implications* (1975).

112) 예컨대 김일중, 규제와 재산권: 법경제학적 시각으로 본 정부3부의 역할(자유기업센터, 1995).

[표 5] 시장과 정부의 경계획정

Datum	Tastes, Technology, Endowment → [State of Nature] → [Property Rights / Contract Enforcement]							
Institutional Structures	[No Government]	[Minimal Government] → [Unanimous Consent]	[Reform Government] → [Dicational]	[Reform Government] → [Democratic]	[Redistributive Government] → [Dicational]	[Redistributive Government] → [Democratic]	[Reform/ Redistributive Government] → [Dicational]	[Reform/ Redistributive Government] → [Democratic]
Performance[1)								
Efficiency	*	***	***	***	**	**	**	**
Equity								
Endowments	*	**	**	**	*	***	*	***
Goverment Allocations	no ranking	***	*	***	*	***	*	***
Liberty								
Instrusions	*	***	*	***	*	***	**	***
Loss of Property	*	***	*	**	*	**	*	**
Natural Limits	*	**	**	**	**	**	**	**

* Low Relative Performance ** Middle Rank Relative Performance
*** High Relative Performance

출전: Robert P. Inman, "Markets, Governments, and the "New" Political Economy", *Handbook of Public Economics* 647, 755 (Alan Auerbach & Martin Feldstein eds., 1987)

한의 역할에 머무는 最小政府(Minimal Government), 시장의 실패를 치유하려고 하는 改革政府(Reform Government), 소득을 재분배하려고 하는 再分配政府(Redistributive Government), 시장실패의 치유와 소득재분배 양자를 수행하려고 하는 改革/再分配政府(Reform/Redistributive Government)가 그것이다. 각 정부는 다시 獨裁的(Dictatorial)인 형태와 民主的(Democratic)인 형태로 나뉜다. [표 5] 속에 있는 아랫부분 상자는, 각종 基準 —자원배분의 效率性(Efficiency), 자원의 초기배분(Endowments)과 정부배분(Govern- ment Allocations)의 관점에서 본 衡平性(Equity), 자유의 침입(Intrusions) 정도, 재산권의 상실(Loss of Property) 정도 등으로 측정한 自由性(Liberty) —에 기하여 제시된 정부형태의 成就(Performance) 정도를 표시하고 있다.

[표 5]는 비록 圖式的인 만큼 恣意的으로 보이지만, Inman은 이 표로써 무시할 수 없는 함의를 던져주고 있다. 그것은 판단자의 기준에 따라 각 정부형태의 평가가 달라질 수 있고 따라서 사회구성원의 선택에 따라 정부형태를 설계할 수 있다는 것이다. 예컨대, 효율성과 형평성의 측면에서 최소정부와 개혁정부는 同位의 성취를 보이고 있지만, 자유를 보장하는 측면에서는 최소정부가 개혁정부에 앞선다. 그러나 만약 사회의 구성원들이 형평성의 실현에 보다 큰 가치를 부여한다

면, 그들은 최소정부보다는 재분배정책을 쓰는 정부형태, 즉 재분배정부 또는 개혁/재분배정부를 선택하게 될 것이다. 비록 후자가 효율성에서 전자보다 성취의 정도에서 뒤지지만 말이다. 민주적인 정부가 항상 독재적인 정부에 모든 면에서 앞서고 있음은 물론이다. [표 5]가 함축하듯이, 사회의 구성원들은 자신들의 준거점에 기초하여 제도설계를 할 수 있고, 그럼으로써 자신들을 위한, 자신들의 政府의 形態를 選擇할 수 있는 것이다.

結　論

Published in *The New Yorker* October 16, 2000

이제까지의 經濟史는, 市場이 자원배분을 가장 效率的으로 할 수 있는 機制임을 증명하고 있다. 또한 시장은 획일성을 불필요하게 만듦으로써 사회 구조의 긴장을 경감시켜준다. 시장이 담당하는 영역이 커질수록 명시적인 정치적 합의를 도출할 필요가 있는 의제가 적어질 것이다. 합의가 필요한 의제가 적어질수록 자유로운 사회를 유지하면서 실제로 합의에 도달할 가능성은 더욱 커질 것이다. 이렇게 經濟的 自由는 政治的 自由를 鞏固하게 한다.[113]

그러나 시장이 존재한다고 하여도, 그것만으로 政府의 必要性을 부정할 수 있는 것은 아니다. 아무리 정부역할을 축소하고 시장영역을 확대할 것을 주장하는 사람도, 최소한 개인과 개인 사이의 거래 · 교환이 당사자의 의사대로 실현되도록 집행하는 정부의 역할을 부정할 수는 없다. 따라서 정부와의 관계에서 시장이 하는 것이란, "정치적 수단을 통해 결정되어야 할 의제의 범위를 크게 줄이는 것이고, 그럼으로써 정부가 게임에 직접 참여해야 할 필요성의 정도를 최소화하는 것"일 뿐이다.[114] 시대적 여건이 변함에 따라 시장이 할 수

113) Friedman(註 10) 24.

114) Id. 15.

있는 것이 변하고 이에 따라 결국 政府의 役割도 달리 인식된다. 이것이 經濟史가 가르쳐주는 또 하나의 교훈이다.

理論的인 側面에서도 같은 결론을 말할 수 있다. 민주주의가 실패한다고 보는 이유는, 그 어떤 사회후생함수도 사회구성원들의 선호를 合理的이고 公正하게 결집해낼 수 없다는데 있다. 다시 말해 사회구성원들의 선호를 합리적으로 결집해내기 위해서는, 선호결집의 公正性을 확보하기 위해 필요한 최소한의 條件 중 일부를 포기하여야 한다는 데 있다. 그런데 시장도 그것이 제 기능을 하기 위해서는 현실세계에서는 존재할 수 없는 完全競爭市場의 전제조건들을 필요로 한다. 따라서 양 원리는 각각 前提條件 充足의 問題라는 같은 단계에서의 문제점을 共有하고 있으며, 그 결과, 현실적으로 불가능한 전제조건의 충족을 전제로 한 양자간의 優劣 論議는 그 가치가 반감될 수밖에 없다.

現實의 世界에서는, 시장도, 정부도 실패하게 되어 있다. 정부가 비효율적 자원배분을 낳는다는 지적을 받지만, 시장도 效率이라는 기준을 충족시키지 못할 때가 있다. 시장이 衡平이라는 가치를 구현할 수 없다는 지적을 받지만, 정부도 連帶(solidarity)의 이름으로 특정계층을 편들기도 한다. 양 영역의 결합은 문제된 행위에 따라 결정적일 때도 있고, 그렇지 않을 때도 있다. Paul Samuelson의 통찰대로, 政府가 擔當하여야 할

適切한 役割에 관해 正答은 없다.[115] 물론 Samuelson의 주장이, 어떤 특정한 행위에 대해서 시장이 나은지 아니면 정부가 나은지를 분간할 수 없다는 것을 의미하는 것은 아니다. 또한 그 주장이 사회과학이 공동체의 활동을 엮어나가기 위한 制度의 設計에 있어 할 수 있는 역할이 없다는 것은 더더욱 아니다. 하지만, Samuelson의 통찰대로 具體的 事情을 고려하지 않고, 眞空 속에서 생각해 보았더니 市場原理가 優越하다든지, 따라서 시장원리가 적용될 領域을 擴大하여야 한다든지 등의 主張은 성립할 수 없는 것이다. 요컨대 현실의 세계에서는 시장주의나 민주주의 중 어느 하나가 정답으로 자리매김될 수 없으며, 시장주의에 의할지, 민주주의에 의할지는 구체적인 의제마다, 문제된 행위마다 실패할 확률이 적은 기제, 실패의 비용이 적은 기제를 개별적으로 선택할 수밖에 없는 것이다.

9.11테러로 Samuel Huntington의 文明衝突論이 큰 성과를 얻고 있지만, Francis Fukuyama는 Hegel에 기대어 認定(recognition)을 받고자 하는 인간의 욕망으로 역사의 발전을 설명하면서, 自由民主主義와 市場經濟를 그 발전의 종착역으로 주장한 바 있다. Huntington과 Fukuyama 중 누가 승자가 될지는 시간이 해결해 줄 일이라고 치부할 수도 있을 것이다. 하지만 해답은 다른 곳에 있을 수 있다. 自由民主主義와 市場

---

115) 전게 註 82 및 그 본문 참조.

經濟의 關係設定을 어떻게 하느냐에 따라 양자를 요체로 한 현 문명의 운명이 달려 있는지도 모를 일이다.

모두가 시장을 외치고 있는 이 시점에서, 自由主義의 戰士 두 사람이 새삼스럽게 떠오른다. Hayek는 근대 이후 시장 우위의 사고방식을 가장 강력하고 설득력 있게 설파하였지만, 그가 社會的 弱者에 대한 福祉政策을 옹호한 것은 무엇을 의미하는가? Reagan은 규제혁파를 실행에 옮긴 신자유주의의 기수였지만, 그가 퇴임할 때의 정부예산이 취임할 때의 그것보다 오히려 커졌던 것은 어째서일까? 새삼 인간이 社會的 動物임을 깨닫게 해주는 대목이 아닐 수 없다.

Abstract

Democracy and Market Economy

Hong Sik Cho*

If there was a prevailing trend in the affairs of nations in the past twentieth century it was the increasing role of governments in the allocation of society's resources. Especially in Korea spotlighted as a paragon of "developmental state" among developing countries, the government was deemed to play a decisive role in its economic development. As the government-driven economy reveals its limit at the turn of the century, however, the government is no longer regarded as the institution to achieve social welfare maximization even though there is little doubt that the government is a central institution in the allocation of social resources. With a worldwide sweeping

* Associate Professor of Law, Seoul National University.

trend of neo-liberalism and globalization, a tough criticism currently arises against governmental intrusion into market economy. The criticism against governments is basically based on disbelief in democracy as a mechanism to efficiently allocate society's resources. Nowadays, a new motto “Don't let the market be left to politics!” is on the verge of becoming a cliché. This article is particularly planned to suggest counter-arguments against this “market-politics dichotomy” for fear that it should militate in favor of unconditional expansion of market principle. Under the circumstances it seems imperative that we correctly understand pros and cons of democracy vis-à-vis market economy.

Part Ⅰ tries to define democracy and market economy by enumerating differences and similarities between market and collective action. While competitive behavior is present in both the market and public sectors, private-sector action is based on voluntary choice; public-sector action is based on majority rule. While democracy turns on the rule of “one man, one vote”, the market on the rule of “one dollar, one vote.” While the market is a system of effectively proportional representation, the typical issue must be decided “yes” or “no” in political channels.

Part Ⅱ explores the two grounds on which disbelief in democracy is based: ideologically, neo-liberalism and theoretically, Arrow's Impossibility Theorem. The voting process

표지 구상

본 저서는 사회의 구성원들이 공동의 가치와 이상을 수렴하여 사회적 공감을 도출하기 위해 경험하는 많은 시행착오에도 불구하고, 큰 틀 내에서 진행되는 사회의 발전적인 진화에 주목하고 있다. 이는 절대적인 가치와 현실에 대한 상대적 가치 사이에서 얽혀 있는 규범으로서의 제도들이 계층과 입장에 따라 동적인 작용과 반작용의 상호반응을 연출할 수 있지만, 이러한 현상에 대한 저자의 통찰은 그것이 현상과 제도의 이상적 최적화가 아닌 구성원들의 기저에서 발생되는 힘에 대한 신뢰에 기인하고 있다.

> 민주주의와 시장주의는 사회를 구성하는 기본원리이며 사회는 살아 움직이는 실재라고 할 때, 그 합은 하나이다. 이는 사고와 신체가 하나인 것과 같다.

본 표지의 이미지는 가감 없이 만들어진 하나의 사실이다. 여기서 시각적으로 부각되는 기하학적인 선과 모호하게 흐려진 면들은 서로에 대한 형상과 배경으로 존재한다. 이미지에서 보이는 반복성은 자기복제에 대한 유추로서 사회를 이루는 구성원들의 집합을 의미한다. 즉, 작게는 개인에서 가족과 친척에 이르는 관계의 중첩이다. 폐곡선이 갖는 원형의 매듭은 삼각형의 피라미드에 내재된 연결의 가능성을 암시한다. 이들은 원형의 고리로 서로 매듭지어져 보다 큰 사회적 관계의 피라미드로 확대된다. 실사의 대상은 일정한 규격에 둥지를 틀고 있는 사회구성원들의 물리적 환경이다.

표지에서 내부에 실재하는 개인의 윤곽은 사각 창을 스미는 빛들로 다양한 모양의 흔적을 남기며 사회 속에서 개인이 추구하는 차별적 평등을 시각화하고 있다. 이들은 스스로를 투영하는 방식으로 포착됨으로써 민주주의의 평등과 시장주의의 평등에 대한 담론에 참여하고 있다.

성규관대학교 건축학과 교수

김 우 영

저자약력

학 력

서울대학교 법과대학 사법학과, 법학사

University of California, Berkeley, School of Law,
법학석사(LL.M)

University of California, Berkeley, School of Law,
법학박사(J.S.D.)

경 력

부산지방법원 판사

미국 뉴욕주 변호사

U.C. Berkeley, Duke Law School, 동경대학 법학부
객원교수(Visiting Professor)

서울대학교 법과대학 부학장

현 서울대학교 법과대학 교수

민주주의와 시장주의

2007年 10月 25日 初版印刷

2007年 10月 31日 初版發行

著 者 趙 弘 植

發行人 安 鍾 萬

發行處 (株) 博 英 社

서울 特別市 鍾路區 平洞 13-31番地

電話 (733)6771 FAX (736)4818

登錄 1959. 3. 11. 제300-1959-1호(倫)

저자와 협의하여 인지를 생략함

www.pakyoungsa.co.kr e-mail: pys@pakyoungsa.co.kr

定 價 10,000원 ISBN 978-89-7189-563-4